plurall

CB136217

Parabéns!
Agora você faz parte do **Plurall**, a plataforma digital do seu livro didático!
Acesse e conheça todos os recursos e funcionalidades disponíveis para as suas aulas digitais.

Baixe o aplicativo do **Plurall** para Android e IOS ou acesse **www.plurall.net** e cadastre-se utilizando o seu código de acesso exclusivo:

AAPHEZXMU

Este é o seu código de acesso Plurall. Cadastre-se e ative-o para ter acesso aos conteúdos relacionados a esta obra.

@plurallnet

@plurallnetoficial

SOMOS EDUCAÇÃO

8º AÑO

Ensino fundamental
Anos finais

ESPAÑOL sin fronteras

María de los Ángeles Jiménez García

É bacharela e licenciada em português e espanhol pela Faculdade de Filosofia, Letras e Ciências Humanas (FFLCH) da Universidade de São Paulo (USP).

Foi professora coordenadora do Centro de Estudos de Línguas (CEL) da 6ª Delegacia de Ensino da Secretaria Estadual de Educação do Estado de São Paulo, na EE Prof. José Heitor Carusi, de 1988 a 2000. Em 1992, também foi professora coordenadora do projeto Classes de Espanhol da Secretaria Municipal de Educação de São Paulo.

Josephine Sánchez Hernández

É bacharela e licenciada em português e espanhol pela Faculdade de Filosofia, Letras e Ciências Humanas (FFLCH) da Universidade de São Paulo (USP).

Foi professora do Centro de Estudos de Línguas (CEL) da 8ª Delegacia de Ensino da Secretaria Estadual de Educação do Estado de São Paulo, na EE Nossa Senhora da Penha, de 1988 a 2002.

Wagner de Souza Santos

É bacharel e licenciado em português e espanhol pela Universidade Paulista (Unip-SP) e bacharel em português e italiano pela Universidade do Estado do Rio de Janeiro (Uerj).

Especialista no ensino de espanhol para brasileiros pela Pontifícia Universidade Católica de São Paulo (PUC-SP), estudou interculturalidade na Universitat Pompeu Fabra (UPF) de Barcelona. Atua na rede particular de ensino, desde 2001, em escolas internacionais e é professor do Instituto Cervantes de São Paulo desde 2012.

editora scipione

editora scipione

Presidência: Mario Ghio Júnior
Direção executiva: Daniela Villela (Plataforma par)
Vice-presidência de Educação Digital: Camila Montero Vaz Cardoso
Direção editorial: Lidiane Vivaldini Olo
Gerência de conteúdo digital: Patrícia Ferreira
Gerência de conteúdo e design educacional: Renata Galdino
Gerência editorial: Julio Cesar Augustus de Paula Santos
Coordenação editorial: Luciana Nicoleti
Edição: Marina Caldeira Antunes e Patrícia Rocco S. Renda
Planejamento e controle de produção: Flávio Matuguma (ger.), Juliana Batista (coord.), Jayne Ruas (analista)
Revisão: Letícia Pieroni (coord.), Aline Cristina Vieira, Anna Clara Razvickas, Brenda T. M. Morais, Carla Bertinato, Daniela Lima, Danielle Modesto, Diego Carbone, Kátia S. Lopes Godoi, Lilian M. Kumai, Malvina Tomáz, Marília H. Lima, Paula Rubia Baltazar, Paula Teixeira, Raquel A. Taveira, Ricardo Miyake, Shirley Figueiredo Ayres, Tayra Alfonso e Thaise Rodrigues
Arte: Fernanda Costa da Silva (ger.), Catherine Saori Ishihara (coord.) e Claudemir C. Barbosa (edição de arte)
Diagramação: Essencial Design
Iconografia e tratamento de imagem: Roberta Siqueira Ribeiro Bento (ger.), Claudia Bertolazzi (coord.), Evelyn Torrecilla (pesquisa iconográfica) e Fernanda Crevin (tratamento de imagens)
Licenciamento de conteúdos de terceiros: Roberta Siqueira Ribeiro Bento (ger.), Jenis Oh (coord.), Liliane Rodrigues, Raísa Maris Reina e Sueli Ferreira (analistas de licenciamento)
Ilustrações: Caue Zunchini e Mauro Souza
Cartografia: Eric Fuzii (coord.) e Robson Rosendo da Rocha
Design: Erik Taketa (coord.) e Pablo Braz (miolo e capa)

Avenida Paulista, 901, 6º andar – Bela Vista
São Paulo – SP – CEP 01310-200
http://www.somoseducacao.com.br

Dados Internacionais de Catalogação na Publicação (CIP)

García, María de los Ángeles Jiménez
Español sin fronteras : 8° ano / María de los Ángeles Jiménez García, Josephine Sánchez Hernández, Wagner de Souza Santos. -- 5. ed. -- São Paulo : Scipione, 2021.

ISBN 978-85-4740-403-1 (livro do aluno)
ISBN 978-85-4740-404-8 (livro do professor)

1. Língua espanhola (Ensino fundamental) - Anos finais I. Título II. Hernández, Josephine Sánchez III. Santos, Wagner de Souza

21-2188 CDD 468.24

Angélica Ilacqua – Bibliotecária – CRB-8/7057

2024
5ª edição
6ª impressão

Impressão e acabamento: Forma Certa Gráfica Digital

Código da OP: 256511.

Uma publicação SOMOS EDUCAÇÃO

Presentación

Querido alumno

Aprender un nuevo idioma nos abre puertas que dan paso a saberes de otras culturas, construye puentes que nos llevan a otros pueblos y a otros paisajes, y, aún más, rompe las fronteras del conocimiento y nos permite resignificar nuestro papel en un mundo cada vez más complejo y desafiador. Aprender una nueva lengua no significa restringirse al valor del idioma en sí mismo, sino ampliar las posibilidades de establecer nuevas conexiones, que te permitirán enriquecer tu experiencia de vida y reconstruir tu identidad.

Desde su primera edición, la colección **Español sin fronteras** fue elaborada con el propósito de facilitar tu acceso a ese rico universo cada vez más amplio y diverso, además de contribuir para que interactúes de forma significativa con todos los que forman parte de ese mundo. Es una colección hecha para ti, que quieres aprender español de una forma agradable y divertida. Sin embargo, todos sabemos que el libro no basta y que será necesario sobre todo tu empeño. Al final, eres tú el principal agente de tu aprendizaje.

Si entiendes, lees, hablas y escribes en español, más que comunicarte con casi 500 millones de personas que también hablan español, podrás posicionarte de manera crítica ante distintas situaciones sociales, bien como aprender a convivir con la diferencia e intentar entender al otro sin prejuicios. Tendrás delante de ti un gran abanico de posibilidades que te llevarán a caminar sin fronteras.

¡Mucho éxito y un gran abrazo!

Los autores

Conoce tu libro

Unidad

Al inicio de cada unidad, vas a conversar con tus compañeros sobre un elemento cultural del mundo hispanohablante y conocer el tema de la unidad.

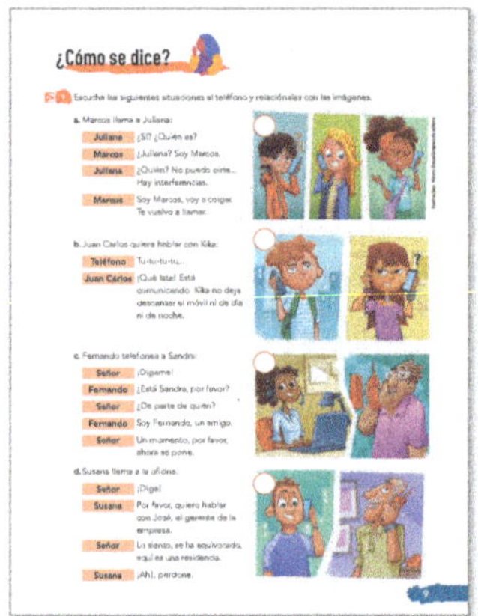

¿Cómo se dice?

En esta sección, vas a escuchar audios, leer textos, hacer actividades y conocer cómo se dicen determinadas cosas en español.

¿Entiendes lo que oyes?

Aquí tienes la oportunidad de ejercitar la comprensión de audios variados y hacer actividades sobre ellos.

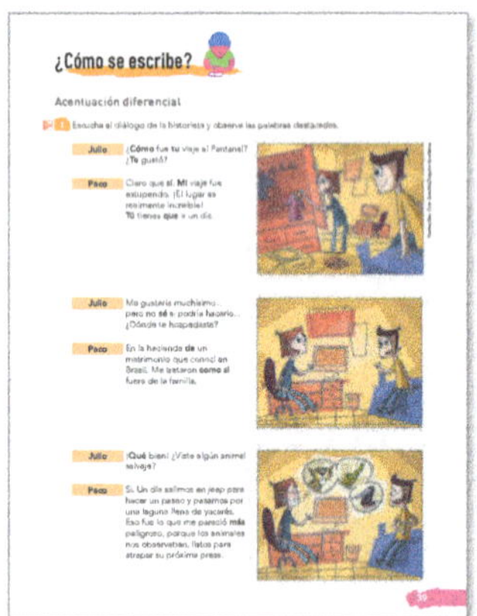

¿Cómo se escribe?

Ya en esta sección, vas a conocer características de la escritura en español y ejercitar esos contenidos.

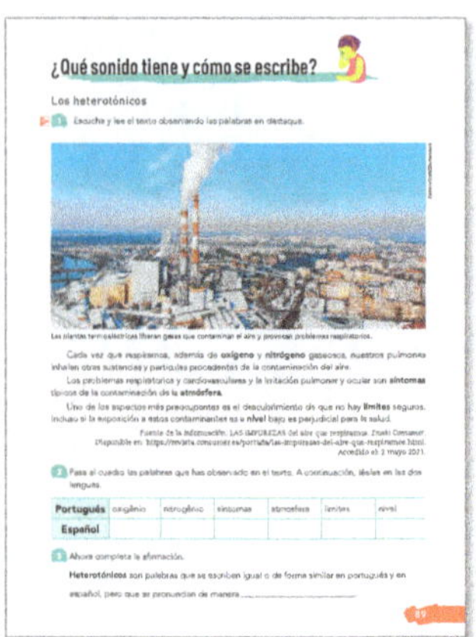

¿Qué sonido tiene y cómo se escribe?

En esta sección, podrás relacionar la pronunciación de determinados sonidos en español con el modo como esos sonidos se transcriben en la escritura.

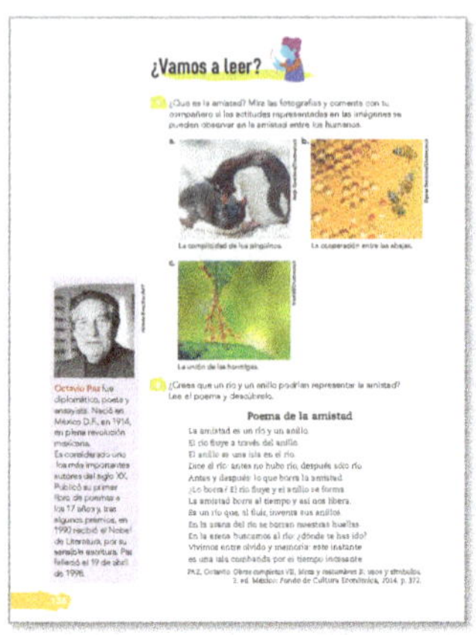

¿Vamos a leer?

Este es el momento de leer textos variados, explorar sus características y hacer actividades sobre lo que leíste.

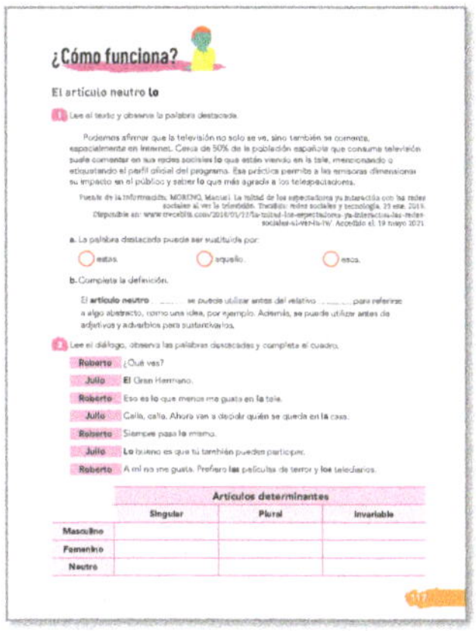

¿Cómo funciona?

Es hora de organizar los conocimientos lingüísticos que adquiriste hasta este momento, reconocer estructuras gramaticales y utilizarlas en actividades prácticas.

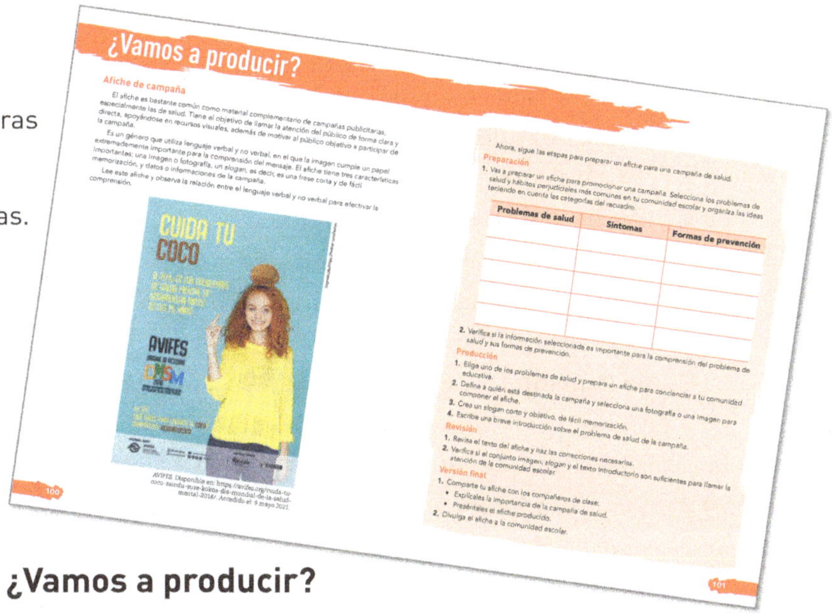

¡Entérate!

En esta sección, vas a leer un texto periodístico actual y hablar con tus compañeros sobre temas contemporáneos relevantes.

¿Vamos a producir?

¿Qué tal poner en práctica lo que aprendiste? Aquí, vas a encontrar una propuesta de producción oral o escrita con todas las orientaciones necesarias para que te expreses en español.

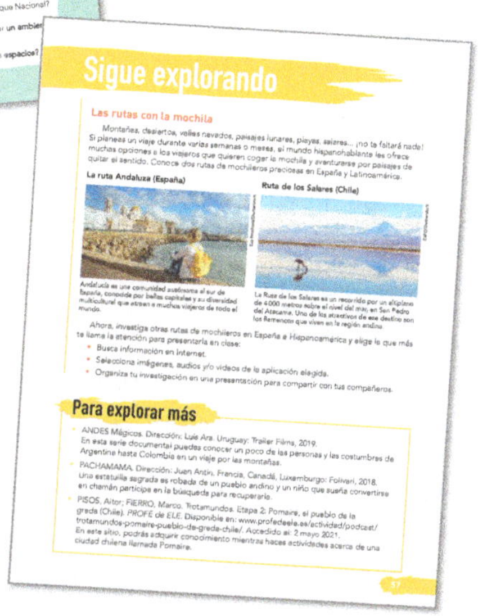

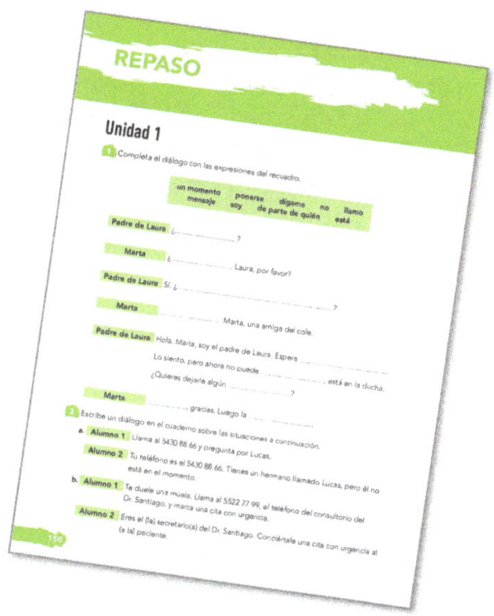

Sigue explorando

Para finalizar la unidad, esta sección trae una propuesta de investigación sobre actualidades culturales de los países hispanohablantes y también sugerencias de materiales complementarios en el cuadro **Para explorar más**.

Repaso

Al final del libro, hay actividades de revisión del contenido de todas las unidades.

Sumario

UNIDAD 5

UNIDAD 6

UNIDAD 1

PEGADOS AL MÓVIL

- ¿Qué hace la turista en la fotografía? ¿Dónde ha sacado la foto?
- ¿Utilizas el móvil en tu cotidiano? ¿En qué actividades?
- En tu opinión, ¿la telefonía móvil se oferta igualmente a toda la población? ¿Por qué?

El móvil se ha convertido en una de las más populares tecnologías utilizadas en nuestra comunicación. Ya sea por la seguridad de sentirse comunicado, ya sea por las múltiples funciones de los aparatos de última generación, la movilmanía ha dominado el planeta. ¿Vamos a conocer un poco más de la comunicación por este aparato?

Globe studio/Shutterstock

Turista en las ruinas del Monte Albán, en Oxaca, México.

¿Cómo se dice?

1 Escucha las siguientes situaciones al teléfono y relaciónalas con las imágenes.

a. Marcos llama a Juliana:

Juliana ¿Sí? ¿Quién es?

Marcos ¿Juliana? Soy Marcos.

Juliana ¿Quién? No puedo oírte... Hay interferencias.

Marcos Soy Marcos, voy a colgar. Te vuelvo a llamar.

Ilustrações: Mauro Souza/Arquivo da editora

b. Juan Carlos quiere hablar con Kika:

Teléfono Tu-tu-tu-tu...

Juan Carlos ¡Qué lata! Está comunicando. Kika no deja descansar el móvil ni de día ni de noche.

c. Fernando telefonea a Sandra:

Señor ¡Dígame!

Fernando ¿Está Sandra, por favor?

Señor ¿De parte de quién?

Fernando Soy Fernando, un amigo.

Señor Un momento, por favor, ahora se pone.

d. Susana llama a la oficina:

Señor ¡Diga!

Susana Por favor, quiero hablar con José, el gerente de la empresa.

Señor Lo siento, se ha equivocado, aquí es una residencia.

Susana ¡Ah!, perdone.

e. Antonio telefonea a su amigo Juan:

Señora ¿Sí? ¡Diga!

Antonio Quiero hablar con Juan, por favor.

Señora Juan no está. ¿Quiere dejarle algún recado?

Antonio No, gracias, le llamaré al móvil.

Ilustrações: Mauro Souza/Arquivo da editora

f. Gloria hace una llamada a su amiga Julieta:

Contestador automático No estoy disponible ahora, deje su nombre y teléfono después del *bip*, que le llamaré lo antes posible.

Gloria Julieta, soy Gloria. Te llamo porque necesito mucho hablar contigo. Ya te he dejado un mensaje en el móvil. Llámame. Un besote.

2 Relaciona las columnas.

a. Está comunicando.

b. No contestan.

c. Lo siento, se ha equivocado.

d. No puedo oírte.

e. El contestador automático.

f. Ahora no hay tono.

g. Voy a colgar.

h. Voy a telefonear.

( ) Hay que esperar tono.

( ) No hay nadie con ese nombre.

( ) No hay nadie en la oficina.

( ) La línea está ocupada.

( ) Esto es una grabación...

( ) Hay interferencias.

( ) Es que necesito salir.

( ) Voy a hacer una llamada.

3 Contesta a las preguntas.

a. ¿Usas mucho el teléfono? ¿Qué significa ese aparato para ti?

b. ¿Tienes un móvil? ¿Te parece necesario que los jóvenes tengan uno? ¿Por qué?

c. De las varias funciones que tienen los móviles, como hablar, enviar mensajes de texto, oír música, sacar fotos, video, etc., ¿cuál es la más importante para ti?

4 Observa las situaciones y relaciónalas con las imágenes a continuación.

a. Quiere mostrar a su padre el lugar en que está.

b. Debe investigar el significado de una palabra.

c. Necesita llamar a un fontanero para arreglar una avería en casa.

Ilustrações: Mauro Souza/Arquivo da editora

El ciberlenguaje

1 ¿Qué representan los emojis? Relaciona la reacción o el sentimiento con las imágenes.

a. risa
b. tristeza
c. duda
d. beso
e. sorpresa
f. verguenza
g. enojo
h. sueño
i. miedo

Emojis: Chaim Devine/Shutterstock

2 Entérate del ciberlenguaje en español y utiliza las palabras del recuadro para escribir qué significan.

te quiero mucho	**chat**	**besos**	**hasta mañana**	
noche	**guapa**	**aquí**	**que**	**por favor**

a. bsos: ______

b. aki: ______

c. k: ______

d. xat: ______

e. nxe: ______

f. x: ______

g. xfa: ______

h. tqm: ______

i. hst mñn: ______

j. wpa: ______

El **ciberlenguaje** es un código utilizado por muchos usuarios de **Internet** para comunicarse de forma rápida e informal. Muy popular y bastante difundidos entre los usuarios de la mensajería instantánea, los recursos más conocidos son los **emojis** y las **pegatinas**.

3 ¿Qué dicen los adolescentes en esa conversación? Escribe los mensajes en el lenguaje convencional.

Celular: cobalt88/Shutterstock; Emojis: Chaim Devine/Shutterstock

¿Entiendes lo que oyes?

1 ¿Sueles quedar con tus amigos? ¿Qué medio de comunicación utilizas para hacerlo? ¿Por qué? Habla con tus compañeros.

02 **2** Escucha el diálogo y completa los huecos.

Lola ¡________________!

Julio ¿Lola?

Lola ________________________________

Julio ________________.

Lola Julio... Julio... espera... ________________________________. ¿Eres el hermano de Carmen?

Julio Sí, sí, y me pidió que te mandara ________________.

Lola Hace algún tiempo que no nos vemos, ¿verdad? ________________________________

Julio Bien, muy bien. Bueno, te llamo para ________________________________, el jueves, a las ocho, ________________________________. Sabes dónde es, ¿no?

Lola Sí, ________________________________.

Julio Será una alegría verte. ________________________________

Lola ¡Vale! ________________________________.

El jueves, día del encuentro

Lola ________________________________. Te llamo porque estoy en la cafetería ________________________________.

Julio ________________, si estamos todos aquí, ________________________________... Estamos ________________________________.

Lola ¡Qué raro! ________________________________ y no tiene terraza.

Julio Lola, ¿cómo se llama esa cafetería?

Lola Cafetería ______________________.

Julio ______________________

estamos en la ______________________, en la

______________________ Central.

Lola ¡Hombre, qué ______________________! Me he

______________________.

Julio ______________________ voy a buscarte.

Lola ______________________. Te espero.

3 Ahora contesta a las preguntas.

a. ¿Cómo los personajes Julio y Lola se comunican?

____

____

b. ¿Qué quiere decir Lola con "ahora caigo"? Intenta deducirlo.

____

____

____

c. ¿Por qué Julio llama a Lola?

____

____

d. ¿Qué causó el desencuentro entre Lola y Julio?

____

____

____

4 ¿Alguna vez has pasado por una situación como la de Lola y Julio? Cuéntales a tus compañeros.

5 Lee las situaciones y comenta con tu compañero(a) qué prefieres: ¿hacer una llamada o enviar un mensaje? ¿Por qué?

a. Felicitar por su cumple.

b. Quedar para ir al cine.

c. Recordarle algo.

d. Pedirle un favor.

¿Cómo se escribe?

La acentuación de hiatos

03 **1** Escucha el diálogo y señala las palabras que tienen encuentro vocálico.

Ilustrações: Roberto Zoellner/Arquivo da editora

2 ¿Te acuerdas qué es un hiato? ¿Y un diptongo? Completa las definiciones.

a. Un ______________ es el encuentro de dos vocales en la misma sílaba, como en Jai-me.

b. Un hiato es el encuentro de ______________________________ en sílabas diferentes, como en Ra-úl.

> Fíjate que el hiato se forma entre dos vocales:
> - fuertes, como en i-d**e**-**a**;
> - una fuerte y una débil tónica, como en tr**a**-**í**-do;
> - una débil tónica y una fuerte, como en ba-te-r**í**-**a**.

3 En el texto hay cinco diptongos. ¿Cuáles son?

____

____

____

4 Retira del texto de la actividad **1** las palabras que tienen hiato y sepáralas en sílabas.

> Fíjate que la **h** entre las vocales no impide que se forme el hiato, como en a-ho-ra, a-hí, ve-hí-cu-lo.
> Los grupos **iu** y **ui** no llevan acento, como en f**ui**, r**ui**-do, o-r**iu**n-do.

5 Coloca la tilde según convenga (fíjate que en la sílaba destacada está la vocal tónica).

Juan	**fue**	**oi**ga	conti**nue**	o**i**do	**cue**nto
Ma**ri**a	**pie**	**oi**a	**ru**bia	ra**iz**	ba**ul**
via	**rei**na	es**tu**dia	re**u**no	his**to**ria	Ce**ci**lia
buho	geogra**fi**a	pa**cien**cia	sa**bi**a	pro**hi**bo	**rui**do
rio	an**ual**	**due**ño	gr**u**a	**trai**go	Ba**hi**a

> Llevan acento la **í** y la **ú** tónicas que forman hiato con **a** / **e** / **o**.

¿Vamos a leer?

1 ¿Conoces los peligros del uso de Internet? Comenta con tu compañero.

2 Marca las acciones que te ayudan a acceder a Internet de forma segura.

- ◯ Utilizar contraseña fuerte.
- ◯ Compartir tu contraseña con amigos.
- ◯ Leer los términos de seguridad.
- ◯ No aceptar la invitación de desconocidos.
- ◯ Utilizar datos falsos o de otras personas.
- ◯ No abrir correos desconocidos.
- ◯ Proteger los datos personales.
- ◯ Dejar tus redes sociales abiertas.

3 Lee los tuits y descubre cómo se ha promocionado el día de Internet segura.

Texto 1

SipinnaAguascalientes @SipinnaAgs

Todas las niñas, niños y adolescentes tienen derecho de acceder a las Tecnologías de la Información y Comunicación de manera segura, responsable, respetuosa y creativa.
"Una Internet mejor comienza contigo: más conectados, más seguros".
#DiaDeInternetSegura

Twitter SipinnaAguascalientes. Disponible en: https://twitter.com/SipinnaAgs/status/1359139991943663616. Accedido el: 2 jun. 2021.

Texto 2

S.E. Digitalización e Inteligencia Artificial
@SEDIAgob

9 feb. Hoy es el #DíaDeInternetSegura y lo celebramos junto a @INCIBE desde una sociedad más conectada que nunca. 🌐
☝ Recuerda seguir las pautas en #ciberseguridad siempre que estés #online para una conexión segura.
📞 Para cualquier duda llama al 017 y ellos te ayudarán.
#SID2021

Twitter S. E. Digitalización e Inteligencia Artificial. Disponible en: https://twitter.com/SEDIAgob/status/1359095809657217027. Accedido el: 2 jun. 2021.

Texto 3

Joven Club

@JovenClub2

Consejos útiles para navegar en una Internet segura.
#DiaInternetSegura #SID2021 #CubaInformatiza #JovenClubTeConecta #JovenClubLaHabana

Twitter Joven Club. Disponible en: https://twitter.com/JovenClub2/status/1359226123763265543. Accedido el: 2 jun. 2021.

4 Vuelve a leer los tuits y marca qué publicación presenta cada afirmación.

	Texto 1	Texto 2	Texto 3
a. Tiene una central telefónica para dudas.			
b. Trae un candado de Internet segura.			
c. Dice que una Internet segura comienza contigo.			
d. Habla de los datos de acceso de los usuarios.			
e. Recomienda seguir las pautas de ciberseguridad.			
f. Dice cómo normalmente los hackers actúan.			

5 Ahora contesta a las preguntas.

a. ¿Cuándo se publicaron los tuits? ¿Para qué?

______

______

______

b. Además del texto escrito, ¿qué documentos se han utilizado en las publicaciones?

______

______

______

c. ¿Qué almohadilla o *#hashtag* en común tienen los tuits? ¿Qué otras le pondrías a esas publicaciones?

______

______

______

______

______

______

______

______

______

______

6 Relaciona las palabras utilizadas en los tuits con su significado.

a. seguir las pautas	◯ Empresa que ofrece servicios de Internet.
b. navegar	◯ Contraseña de las cuentas.
c. clave de acceso	◯ Proceder según las orientaciones.
d. proveedor	◯ Abrir páginas de Internet.

7 ¿Y tú? ¿Utilizas Internet de forma segura? Cuéntale a tu compañero cómo te proteges de los riesgos y peligros de Internet.

Tuít es un mensaje digital publicado en una red social que puede contener texto escrito con número limitado de palabras, imágenes o videos y almohadillas o *#hashtags* para clasificar las publicaciones por interés y permitir mayor alcance e interacción entre los usuarios de la red.

¿Cómo funciona?

Verbos irregulares en pretérito perfecto simple

1 Lee los datos de una investigación sobre el uso de dispositivos móviles. Observa los verbos destacados y completa la definición con las palabras del recuadro.

Casi dos tercios de los adolescentes dicen que se sentirían al menos un poco aburridos o ansiosos si tuvieran que pasar un día sin su dispositivo móvil

[...] Cuando se les **preguntó** con qué frecuencia usaban su dispositivo móvil, dos tercios de los padres (71%) y adolescentes (67%) en México **dijeron** que lo utilizan "casi todo el tiempo" [...].

LA NUEVA realidad: padres, adolescentes y dispositivos móviles en México. Disponible en: http://assets.uscannenberg.org/docs/new-normal/new-normal-full-report-mexico-spanish-2019.pdf. Accedido el: 29 abr. 2021.

forma **cambia** **conjugación** **regular** **pasadas** **sucedió**

Los verbos destacados expresan acciones ________________, pues se refieren a algo que ya ________________. El verbo **preguntar** es ________________, por eso mantiene la raíz de su forma en infinitivo en la ________________. Por otro lado, el verbo **decir** es irregular, por eso ________________ la raíz en la conjugación de su ________________ en el pretérito perfecto simple.

04 **2** Escucha la grabación y completa el recuadro a continuación con las formas que faltan.

silverkblackstock/Shutterstock

Infinitivo	Pretérito perfecto simple	Infinitivo	Pretérito perfecto simple
decir	dijeron	**ir**	
encontrar		**poner**	
pasar		**estar**	
encontrar		**traer**	

3 El pretérito perfecto simple expresa una acción pasada en un periodo de tiempo acabado. Compruébalo extrayendo del texto de la actividad anterior la(s) expresión(ones) que indica(n) tiempo.

____

____

____

____

____

____

____

____

4 Observa otros verbos irregulares y completa los recuadros con las formas que faltan.

a. De la primera conjugación (**-ar**):

	Dar	Andar	Estar
(yo)	di	anduve	estuve
(tú)	diste		estuviste
(usted)	dio	anduvo	estuvo
(él / ella)	dio	anduvo	estuvo
(nosotros/as)		anduvimos	estuvimos
(vosotros/as)	disteis		estuvisteis
(ustedes)	dieron	anduvieron	
(ellos / ellas)	dieron	anduvieron	estuvieron

b. De la segunda conjugación (**-er**):

	Poder	**Poner**	**Saber**	**Caber**	**Haber**
(yo)	pude	puse		cupe	
(tú)		pusiste	supiste		hubiste
(usted)	pudo	puso	supo		hubo
(él / ella)	pudo			cupo	
(nosotros/as)		pusimos	supimos	cupimos	
(vosotros/as)	pudisteis		supisteis		hubisteis
(ustedes)	pudieron	pusieron		cupieron	
(ellos / ellas)		pusieron	supieron		hubieron

	Tener	**Hacer**	**Querer**	**Traer**	**Ser**
(yo)	tuve		quise		fui
(tú)	tuviste	hiciste		trajiste	
(usted)		hizo	quiso		fue
(él / ella)	tuvo		quiso	trajo	fue
(nosotros/as)	tuvimos	hicimos		trajimos	
(vosotros/as)		hicisteis	quisisteis		fuisteis
(ustedes)	tuvieron		quisieron	trajeron	
(ellos / ellas)	tuvieron	hicieron		trajeron	fueron

c. De la tercera conjugación (**-ir**):

	Venir	**Decir**	**Ir**	**Producir**
(yo)	vine	dije		produje
(tú)	viniste		fuiste	
(usted)		dijo		produjo
(él / ella)	vino		fue	produjo
(nosotros/as)		dijimos		
(vosotros/as)	vinisteis		fuisteis	produjisteis
(ustedes)	vinieron		fueron	
(ellos / ellas)		dijeron		produjeron

	Sentir	Pedir	Dormir
(yo)		pedí	
(tú)	sentiste		dormiste
(usted)		pidió	
(él / ella)	sintió		durmió
(nosotros/as)	sentimos	pedimos	
(vosotros/as)	sentisteis		dormisteis
(ustedes)		pidieron	durmieron
(ellos / ellas)	sintieron	pidieron	

5 Completa el texto con los verbos indicados entre paréntesis en el pretérito perfecto simple.

Monkey Business Images/Shutterstock

La semana pasada mi abuelo ________________ (**hacer**) una fiesta por su cumple de 70 años y mi familia y yo ________________ (**ir**) a saludarlo. Cada uno le ________________ (**dar**) un regalo, pero el que más le ________________ (**gustar**) ________________ (**ser**) el de mi padre: un móvil de última generación.

Mi abuelo se ________________ (**poner**) como un niño con zapatos nuevos y muy pronto ________________ (**querer**) ver cómo funcionaba. ________________ (**conseguir**) hacer llamadas de video, pero ________________ (**pedir**) ayuda con los demás recursos. ¿Adivinas a quién? ¡A mí! Le ________________ (**poner**) una foto como fondo de pantalla, ________________ (**escoger**) algunas aplicaciones más prácticas, le ________________ (**enseñar**) a hacerse una selfie, en fin, me ________________ (**divertir**) muchísimo con él.

Verbos irregulares en pretérito perfecto compuesto

1 Observa las tablas a seguir y completa las afirmaciones a continuación.

a. Verbos de la segunda conjugación (**-er**):

	Poner	Hacer	Volver	Resolver	Romper	Ver
(yo)	he puesto	he hecho	he vuelto	he resuelto	he roto	he visto
(tú)	has puesto	has hecho	has vuelto	has resuelto	has roto	has visto
(usted)	ha puesto	ha hecho	ha vuelto	ha resuelto	ha roto	ha visto
(él / ella)	ha puesto	ha hecho	ha vuelto	ha resuelto	ha roto	ha visto
(nosotros/as)	hemos puesto	hemos hecho	hemos vuelto	hemos resuelto	hemos roto	hemos visto
(vosotros/as)	habéis puesto	habéis hecho	habéis vuelto	habéis resuelto	habéis roto	habéis visto
(ustedes)	han puesto	han hecho	han vuelto	han resuelto	han roto	han visto
(ellos / ellas)	han puesto	han hecho	han vuelto	han resuelto	han roto	han visto

b. Verbos de la tercera conjugación (-**ir**):

	Abrir	Cubrir	Descubrir	Decir	Escribir	Morir
(yo)	he abierto	he cubierto	he descubierto	he dicho	he escrito	he muerto
(tú)	has abierto	has cubierto	has descubierto	has dicho	has escrito	has muerto
(usted)	ha abierto	ha cubierto	ha descubierto	ha dicho	ha escrito	ha muerto
(él / ella)	ha abierto	ha cubierto	ha descubierto	ha dicho	ha escrito	ha muerto
(nosotros/as)	hemos abierto	hemos cubierto	hemos descubierto	hemos dicho	hemos escrito	hemos muerto
(vosotros/as)	habéis abierto	habéis cubierto	habéis descubierto	habéis dicho	habéis escrito	habéis muerto
(ustedes)	han abierto	han cubierto	han descubierto	han dicho	han escrito	han muerto
(ellos / ellas)	han abierto	han cubierto	han descubierto	han dicho	han escrito	han muerto

El **pretérito perfecto compuesto** se forma con el ______________________________
y el ______________________________.

- La irregularidad del ______________________________ depende de la irregularidad del ______________________________.
- En el **pretérito perfecto compuesto** no existe irregularidad en la ______________________________.

2 Completa las frases con los verbos indicados entre paréntesis en el pretérito perfecto compuesto.

a. Hoy no ______________________ (**salir; nosotros**) de casa porque ______________________ (**llover**) todo el día.

b. Este mes me ______________________ (**decir**) que ibas a estudiar y hasta ahora no te ______________________ (**ver**) con un libro en las manos.

c. ¿Todavía no le ______________________ (**escribir; tú**) el emilio para Julia?

d. Nosotros ya ______________________ (**descubrir**) quién ______________________ (**romper**) la ventana.

e. ¿Dónde ______________________ (**poner; tú**) el móvil que ______________________ (**comprar; yo**) esta mañana?

f. ¿______________________ (**resolver; vosotros**) el problema de Matemáticas? A mí me está costando un montón.

g. No ______________________ (**devolver**) los CDs que me ______________________ (**prestar**) María porque todavía no ______________________ (**tener**) tiempo.

3 ¿Te acuerdas cuándo se usa el pretérito perfecto simple y el compuesto? Observa los marcadores temporales y completa los huecos según convenga.

Pretérito perfecto simple (tiempo acabado)	Pretérito perfecto compuesto (tiempo no acabado)
• Ayer ____________ (**yo; ver**) una película muy bonita.	• Hoy ______________________ (**yo; ver**) una película muy bonita.
• Anoche ____________ (**tú; volver**) de viaje.	• Esta mañana ______________________ (**tú; volver**) de viaje.
• La semana pasada ______________________ (**nosotros; ir**) al museo.	• Este año ______________________ (**nosotros; ir**) al museo.
• El año pasado ______________________ (**vosotros; estudiar**) mucho.	• Esta semana ______________________ (**vosotros; estudiar**) mucho.
• El otro día ______________________ (**ustedes; llegar**) muy tarde de la escuela.	• Ya ______________________ (**terminar; ellos**) la tarea.

4 Completa el diálogo con la forma correcta del pretérito perfecto simple o compuesto, según convenga.

Mariano ¡Hola, hombre! ¿Qué te ______________ (**pasar**)?

Rafael Pues ayer me ______________ (**caer**) por la escalera.

Mariano ¿Cómo ______________ (**ser**) eso?

Rafael Estaba solo en mi casa, entretenido con el ordenador, de pronto ______________ (**sonar**) el timbre y, cuando ______________ (**querer**) bajar corriendo a ver quién era... ¡catapún!

Mariano ¿Y qué ______________ (**hacer**)?

Rafael Me ______________ (**poner**) hielo en la mano y ______________ (**tomar**) una pastilla para calmar el dolor. Después ______________ (**llamar**) a mis padres y les ______________ (**decir**) lo que me había pasado. Ellos estaban viajando. ______________ (**llegar**) esta mañana y me ______________ (**llevar**) a urgencias. Total, aquí estoy yo con un dedo roto.

Mariano ¡Vaya, qué lata!

5 Ordena las frases y conjuga el verbo en el pretérito adecuado.

a. en / pasada / semana / un / campamento. / La / **estar** (nosotros)

____

b. **pedir** / un / del / helado. / juego, / niños / después / los / Ayer,

____

c. mes / **ir** (vosotros) / Este / no / al / cine.

____

d. mis / puerta. / alguien / hermanos / abría / **sentir** / Antiayer / que / la

____

e. alguna / Corcovado / **ver** (vosotros) / el / vez / ¿?

____

¿Vamos a producir?

La llamada telefónica

La llamada telefónica es una interacción oral, normalmente entre dos personas, mediada por un teléfono o un móvil. Como los participantes no tienen acceso a otros lenguajes, como los gestos, la voz se convierte en el principal recurso de esa interacción.

Lee el diálogo y comenta con tus compañeros en qué situaciones les han llamado de esa manera.

Luis Molinero/Shutterstock

Paco ¡Dime!

Merche Hola, Paco. ¿Qué tal?

Paco Hola, Merche. ¿Qué me cuentas?

Merche Mira, no puedo conectarme a Internet, pero necesito hablar contigo. No te vas a creer en lo que me pasó.

Paco Mmmmm… pues debe ser algún problema en el barrio, porque desde las 8:00 tampoco he podido conectarme. Pero ¡cuéntameee! ¿Qué hiciste?

Merche ¡Qué rabia! Pero bueno, ayer estaba caminando por la plazoleta y me encontré a unas chicas jugando al fútbol. Me apunté a jugar con ellas y… ¡resulta que forman parte de un equipo y me invitaron a participar!

Paco ¡Qué maravilla! No sabía que todavía jugabas al fútbol.

Merche Pues, mira. Había dejado de jugar hace unos meses, pero no resistí a la invitación. Voy a ir a los entrenamientos a ver cómo me sale. ¡Estoy tan animada! ¿Y tú, qué me cuentas? ¿Qué hiciste en estos últimos días?

Paco Genial. ¡Seguro te va a ir superbién! Yo he estudiado un montón para los exámenes, que se acabaron hoy. Ahora estoy libre, por fin.

Merche ¡Me alegra mucho, Paquito! De hecho no nos hemos visto en las últimas semanas. ¿Qué te parece si nos encontramos más tarde en el café? ¡Yo invito!

Paco Me encantó la idea, necesito salir un poco. ¿A qué hora?

Merche Pues creo que a las seis de la tarde. ¿Puede ser?

Paco Genial.

Merche Hasta pronto, Paquito. Voy a arreglarme y luego te aviso cuando salga de casa.

Paco Vale, vale. Adiós.

Merche Adiós.

Jeka/Shutterstock

Ahora, sigue las etapas para producir una conversación telefónica en español.

Preparación

1. Imagínate que necesitas hablar con tu mejor amigo o amiga por teléfono para contar algo que te pasó.
2. Organiza y apunta en el cuadro las ideas y los recursos lingüísticos que te pueden ser útiles en esa conversación.

La llamada telefónica	Estructuras lingüísticas usadas
Para empezar la conversación:	
Para colgar el teléfono:	
Motivo y detalles de la llamada: ¿Por qué llamas a tu mejor amigo(a)? ¿Qué quieres saber? ¿Vas a invitarlo(a) a algo? ¿Cuándo? ¿A qué hora?	

3. Revisa los recursos lingüísticos y busca en un diccionario las palabras nuevas que necesites.
4. Verifica si has contestado a todas las preguntas correctamente y si has apuntado todos los datos solicitados en el cuadro.

Producción

1. En parejas: escriban el diálogo que les servirá de guion para la conversación por teléfono. Compartan los cuadros que produjeron en la etapa de preparación y averiguen cuáles estructuras van a utilizar.
2. Organicen los turnos de habla y el mensaje de cada participante.
3. Dale un tono más informal a la conversación.

Revisión

1. Revisen el diálogo que han escrito y hagan las correcciones necesarias.
2. Ensayen la conversación y utilicen el guion para dramatizar la presentación oral.

Versión final

1. Dramaticen su conversación telefónica:
   - Presenten el diálogo que han preparado a sus compañeros.
   - Si quieren, utilicen un grabador de voz para la actividad y exhiban la grabación a la clase.
2. Pongan atención a la presentación de sus compañeros.

¡Entérate!

Ciberadicción y prevención

Los avances de la tecnología han provocado un incremento del acceso a Internet y del uso de dispositivos móviles. Sin embargo, el uso excesivo, sea de las redes sociales u otras actividades en línea, puede representar una gran amenaza a la salud. ¿Cómo crees que puedes evitar esa exposición excesiva? Lee el texto para enterarte de ese tema.

Uso excesivo de tecnología genera ansiedad y estrés, conozca como prevenirlo

Abril 25, 2021 - 12:00 p.m.

Por: Laura Sofía Lozano Espinosa

Los grandes avances tecnológicos, el uso excesivo en la era digital tanto de celulares, como de redes sociales y de portales web, [...] generan efectos tóxicos en quienes hacen uso de estos. Síntomas como alteraciones en el sistema nervioso, estrés, ansiedad, cansancio, psicosis, problemas en el sueño, fatigas y demás, son algunas de las señales que indican que usted podría estar sufriendo de enfermedades causadas por el uso excesivo de la tecnología. [...]

Roman Kosolapov/Shutterstock

Adolescente adicta a los juegos en línea.

Recomendaciones

Cuidar la integridad: tanto la integridad física como personal deben ser respetadas, hay que tener cautela con los mensajes emitidos en cualquier medio. Es decir, hacer uso responsable de las redes sociales y de dispositivos. Implica que cada uno sea consciente de lo que recibe y de lo que aporta.

Manejo del tiempo: usar aplicaciones o ajustar controles en los dispositivos para dosificar las horas es un factor importante para no caer en extremismos, de esta manera se cuida tanto la salud física, como la mental. [...] Ocuparse en otras actividades: realizar ejercicio, meditación, [...] son opciones para evitar estar en contacto continuo con equipos tecnológicos [...]

ESPINOSA, Laura Sofía Lozano. Uso excesivo de tecnología genera ansiedad y estrés, conozca como prevenirlo. *El país*, Colombia, 25 abril 2021. Disponible en: www.elpais.com.co/salud/uso-excesivo-de-tecnologia-genera-ansiedad-y-estres-conozca-como-prevenirlo.html. Accedido el: 29 abr. 2021.

1. Según el texto, ¿qué señales pueden indicar que una persona tiene la salud afectada por el uso excesivo de tecnología?

2. ¿Qué sentido tiene la expresión "cuidar la integridad"? ¿Cómo la puedes llevar a cabo?

3. ¿Qué recomendaciones te parecen importantes para evitar la adicción a la tecnología?

Sigue explorando

Las aplicaciones

Sin lugar a dudas, el móvil es un aparato que nos ha permitido interactuar de forma innovadora y divertida con nuestros amigos. Actividades como videollamadas en grupo, chats privados, juegos en línea, etc. son algunos de los recursos de las aplicaciones más descargadas actualmente. Conoce dos aplicaciones que se hicieron populares en España y en Latinoamérica:

Discord

NYC Russ/Shutterstock

Es una aplicación de mensajería que se ha hecho popular entre los adolescentes, que permite la creación de salas privadas de chat, en las que se pueden compartir distintos intereses.

Houseparty

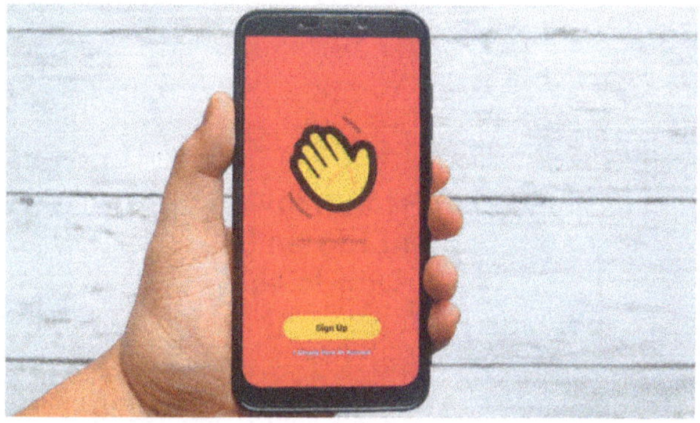

Faizal Ramli/Shutterstock

Es una red social en la que los adolescentes pueden verse cara a cara, que se utiliza no solo para hacer videollamadas en grupo, sino también para jugar a distancia con los amigos.

Ahora, investiga otras aplicaciones populares entre los adolescentes y elige la que más te llama la atención para presentarla en clase:

- Busca información en Internet.
- Selecciona imágenes, audios y/o videos de la aplicación elegida.
- Organiza tu investigación en una presentación para compartir con tus compañeros.

Para explorar más

- ESCRIVÀ, Gemma Pasqual i. *Xenia, #KeepCalm.* Barcelona: Anaya, 2017.
  Xenia se pone a mirar todo el tiempo el móvil, a la espera de un mensaje de Carlos. A pesar de los problemas del uso de Internet, su lema es *#KeepCalm* y tuitea un poco.
- INTERNET Segura for Kids. Disponible en: www.is4k.es/. Accedido el: 29 abr. 2021.
  En el sitio se presentan informaciones sobre cómo adolescentes y niños pueden protegerse de los principales riesgos de Internet.
- RUIZ, Daniel Hernandéz. Vocabulario tecnológico y de Internet. *PROFE de ELE.* Disponible en: www.profedeele.es/actividad/vocabulario/tecnologico-internet/. Accedido el: 29 abr. 2021.
  En ese sitio se presentan algunas actividades interactivas de ampliación de vocabulario de tecnología y de Internet.

UNIDAD 2

DE VIAJE

- ¿Qué complejo ferroviario está representado en la fotografía? ¿Dónde está ubicado?
- ¿Conoces otras estaciones o terminales importantes? ¿Cuáles?
- En tu opinión, ¿tu ciudad tiene buenos servicios de transporte para viajeros? ¿Por qué?

Cuando viajamos, podemos descubrir otras maneras de vivir y de relacionarnos con el mundo, que a veces nos encantan y a veces nos sorprenden, pero siempre nos enseñan mucho. ¿Te animas a conocer cómo podemos hablar de viajes en español?

Markus Mainka/Shutterstock

Pasajeros esperan el embarque en la estación de tren de Atocha, en Madrid.

¿Cómo se dice?

05 **1** Escucha el diálogo, observa las figuras a continuación y señala el orden en que ocurrieron los hechos según lo que has oído.

A. En el avión:

Comandante Dentro de algunos minutos aterrizaremos en el Aeropuerto de Santiago. Atentos, porque la vista de la cordillera es impresionante.

Paula Mamá, ¡qué bonito! ¿Entonces una cordillera son muchas montañas juntas?

Mariana Sí, hija, eso es.

Paula Y ¿cómo se llama esa cordillera?

Mariana Cordillera de los Andes.

Paula Papá, ¿hoy mismo vamos a hacer un recorrido por la ciudad?

Eduardo Creo que no, porque vamos a tardar un poco en llegar al hotel, y hasta que se acomoden todos... Quizá mañana... ¡Ah!, ya hemos llegado al aeropuerto. No os olvidéis nada en el avión.

Pedro ¡Eso, papá! Tienes razón. Aquí dice que mañana vamos a hacer un recorrido para conocer la capital de Chile.

Eduardo Sí, hijo. Ahora guarda esa hoja, que ya vamos a desembarcar.

B. En el vestíbulo del aeropuerto:

Paula ¿A quién estamos esperando?

Mariana Al guía de la excursión.

Eduardo Allí está. ¿Veis? Aquel que lleva camiseta roja con el nombre de la agencia de turismo.

Artur Buenos días. ¡Bienvenidos a Santiago de Chile! Mi nombre es Artur y soy su guía en este paseo. Espero que hayan hecho un buen viaje. El autobús nos está esperando.

Ilustrações: Caue Zunchini/Arquivo da editora

2 Relaciona cada frase con el personaje que la ha dicho.

a. La vista de la cordillera es impresionante.

b. ¿Cómo se llama esa cordillera?

c. No os olvidéis nada en el avión.

d. Al guía de la excursión.

e. Mañana vamos a hacer un recorrido para conocer la capital de Chile.

f. Espero que hayan hecho un buen viaje.

( ) Mariana

( ) Artur

( ) Comandante

( ) Eduardo

( ) Paula

( ) Pedro

3 ¿Has salido de excursión alguna vez? ¿Cómo ha sido el viaje? ¿Qué medio de transporte has utilizado?

____

____

____

4 ¿Qué sabes sobre la cordillera de los Andes? Investiga, marca la ubicación de esa cordillera en el mapa y escribe un párrafo con las informaciones que encuentres.

Elaborado con base en: IBGE. *Atlas geográfico escolar*. 8. ed. Rio de Janeiro: IBGE, 2018. p. 40.

____

____

____

____

____

____

____

____

____

____

____

____

____

Los objetos de viaje

1 ¿Qué sueles llevar en tu equipaje? Mira la infografía y escribe el nombre de los objetos de viaje.

UNIVERSIDAD PRIVADA DEL NORTE. Disponible en: https://blogs.upn.edu.pe/mividaenupn/2016/03/23/deberias-llevar-sales-viaje-mochilero-semana-santa/. Accedido el: 28 abr. 2021.

2 Clasifica los objetos de viaje, teniendo en cuenta cada categoría.

a. ropa y accesorios	**b. productos de higiene**	**c. documentos**

◯ bloqueador	◯ tarjeta de identidad	◯ guantes
◯ bufanda	◯ bikini	◯ billetera
◯ champú	◯ desodorante	◯ billete de avión
◯ pasaporte	◯ crema dental	◯ chaqueta
◯ traje de baño	◯ reserva del hotel	◯ zapatilla

3 Completa el relato de viaje con las palabras del cuadro.

embarque	**maletas**	**tiendas**	**compartimento**	**aeropuerto**
cola	**azafata**	**altavoz**	**equipaje**	**vuelo**

Ayer, cuando salimos de casa para ir al ____________________, llovía mucho, pero eso no nos impidió llegar a tiempo de facturar el ____________________, claro, después de enfrentar una larguísima ________________. Libres de las ____________________, mi padre, Pedro y yo nos pusimos a caminar para ver las ____________________ que venden recuerdos. Mi madre estaba ansiosa porque nuestro ____________________ no aparecía en el panel de información. Por fin oímos por el ____________________ el número del vuelo y nos dirigimos a la puerta de ____________________. En el avión, una ____________________ me ayudó a poner mi mochila en el ____________________ superior. Al llegar, no tuvimos dificultad para encontrar nuestro guía, Artur, que es muy simpático. Ahora estamos descansando en el hotel.

Los alojamientos

1 Mira las fotografías y relaciona los distintos tipos de alojamientos con su descripción.

a.

Hadrian/Shutterstock

b.

Caron Badkin/Shutterstock

c.

Fotos593/Shutterstock

d.

Mark Winfrey/Shutterstock

◯ Normalmente está ubicado junto a la naturaleza y es mucho más económico.

◯ Cuenta con habitaciones privadas y puede ofrecer servicios como restaurantes.

◯ Es una vivienda privada con acceso a todas las habitaciones y aparatos del hogar.

◯ Muy buscado por los jóvenes, suele ser más barato y ofrece habitaciones compartidas.

¿Entiendes lo que oyes?

06 **1** Escucha el audio y completa los fragmentos del texto.

Las Cataratas del Iguazú

a. Una falla geológica producida en el cauce del río Paraná ______________ que la desembocadura del ______________________ quedara convertida en una ______________ cascada de 80 metros de altura.

b. Según el río sea ______________ o ______________ caudaloso, se pueden admirar ______________ 160 y 260 saltos, que en términos medios sumarían unos 1500 metros cúbicos de agua por segundo.

c. En 1541 las Cataratas ______________ avistadas por el explorador español Alvar Núñez Cabeza de Vaca, que entonces las ______________ Saltos de Santa María. Pero siguieron siendo llamadas por el nombre Iguazú (derivado de la palabra guaraní que significa "______________________").

Fuente de la información: CATARATAS del Iguazú. Disponible en: https://sites.google.com/site/iguazucataratasarg/. Accedido el: 2 mayo 2021.

2 Ahora contesta.

a. ¿Dónde están localizadas las Cataratas del Iguazú?

____

____

____

____

b. ¿Para qué se crearon dos parques nacionales: el Parque Nacional Iguazú, en Argentina, y el Parque Nacional do Iguaçu, en Brasil?

____

____

c. ¿Cuándo las Cataratas del Iguazú fueron declaradas por la Unesco Patrimonio Natural de la Humanidad?

____

3 ¿Conoces algún sitio semejante al del texto? Descríbeselo a tus compañeros.

4 Investiga un poco más sobre los parques nacionales en Brasil y charla con tus compañeros sobre el asunto.

¿Cómo se escribe?

Acentuación diferencial

07 **1** Escucha el diálogo de la historieta y observa las palabras destacadas.

Julio ¿**Cómo** fue **tu** viaje al Pantanal? ¿**Te** gustó?

Paco Claro que **sí**. **Mi** viaje fue estupendo. ¡El lugar es realmente increíble! **Tú** tienes **que** ir un día.

Ilustrações: Caue Zunchini/Arquivo da editora

Julio Me gustaría muchísimo... pero no **sé** si podría hacerlo... ¿Dónde te hospedaste?

Paco En la hacienda **de** un matrimonio que conocí en Brasil. Me trataron **como si** fuera de la familia.

Julio ¡**Qué** bien! ¿Viste algún animal salvaje?

Paco Sí. Un día salimos en *jeep* para hacer un paseo y pasamos por una laguna llena de yacarés. Eso fue lo que me pareció **más** peligroso, porque los animales nos observaban, listos para atrapar su próxima presa.

Julio ¡**Qué** bárbaro!

Paco ¡Ah!, **mas** ese lugar tiene una fauna y una flora que no **se** ven en cualquier parte. A **mí** me gustó todo, solo los mosquitos me fastidiaron un poco.

Ilustrações: Caue Zunchini/Arquivo da editora

Julio ¿Y la comida?

Paco Era muy buena, y por las tardes la señora hacía un pastel que tomábamos con café o **té**.

Julio ¿El marido también salía con vosotros?

Paco ¡Por supuesto!, era **él** quien conducía **el** *jeep* y me sacaba algunas fotos. No me dejaron ir solo a ningún sitio.

Julio ¡Venga!, enséñame las fotos.

Paco Espera que te **dé** un regalo. Es un recuerdo del Pantanal.

2 Retira del diálogo las palabras destacadas y completa el cuadro.

tú (pronombre personal) **tu** (pronombre posesivo)	**Tú** tienes que ir un día. ¿Cómo fue **tu** viaje al Pantanal?
________ (sustantivo) ________ (pronombre personal)	[...] un pastel que tomábamos con café o ________. ¿________ gustó?
________ (adverbio afirmativo) ________ (conjunción)	Claro que ________. Me trataron como ________ fuera de la familia.
________ (pronombre personal) ________ (pronombre posesivo)	A ________ me gustó todo... ________ viaje fue estupendo.
________ (pronombre exclamativo) ________ (pronombre relativo)	¡________ bárbaro! Tú tienes ________ ir un día.
________ (verbo saber) ________ (pronombre personal)	[...] pero no ________ si podría hacerlo... y que no ________ ven en cualquier parte.
________ (verbo dar) ________ (preposición)	Espera que te ________ un regalo. En la hacienda ________ un matrimonio [...]
________ (adverbio) ________ (conjunción)	[...] lo que me pareció ________ peligroso [...] ¡Ah!, ________ ese lugar tiene una fauna [...]
________ (adverbio interrogativo) ________ (adverbio relativo)	¿________ fue tu viaje al Pantanal? Me trataron ________ si fuera de la familia.
________ (pronombre personal) ________ (artículo)	[...] era ________ quien conducía el *jeep* [...] [...] era él quien conducía ________ *jeep* [...]

Cuando dos o más palabras se escriben de la misma manera pero tienen distinta significación o función, una de ellas lleva acento para diferenciarlas.
Llevan acento todos los interrogativos y exclamativos: ¿Qué? / ¿Cómo? / ¿Dónde? / ¿Cuándo? / ¿Quién? / ¿Cuánto? / ¡Qué! / ¡Cómo! / ¡Dónde! / ¡Cuándo! / ¡Quién! / ¡Cuánto!

3 Observa las palabras destacadas y coloca el acento en las que deban llevarlo.

Julia ¿En **que** piensas?

Roberto Estoy pensando en ir a la playa, pero no me gusta ir solo.

Julia **Si** quieres, voy contigo. Pero solo puedo ir mañana, después del almuerzo.

Roberto **Sı**, claro, por **mı** no hay problema.

Julia ¡Ah!, ¿puedo llevar a **mi** perro?

Roberto No **se**, voy a llamar al conserje y preguntarle **si** permiten perros en el edificio.

Julia Vale, después me cuentas. Bueno, ahora tengo **que** irme.

Roberto Pero ¿ya **te** vas?

Julia **Sı**. Llámame por la noche.

Roberto De acuerdo.

Por la noche...

Julia ¿Dígame?

Roberto Julia, soy Roberto, he hablado con **el** conserje y **el** me ha dicho que podemos llevar a **tu** perro.

Ljupco Smokovski/Shutterstock

Julia ¡**Que** bien! ¿Y a **que** hora salimos?

Roberto A las tres de la tarde, ¿**te** parece bien?

Julia ¿Podemos ir **mas** tarde, sobre las cuatro?

Roberto ¡Vale!

¿Vamos a leer?

1 ¿Qué sabes de Nicaragua? Mira el mapa e identifica las características de ese destino turístico de América Central.

Dmitrijs Kaminskis/Shutterstock

2 Marca el paisaje que te gustaría conocer en Nicaragua y explícale a tu compañero por qué lo has elegido.

Cisco_96/Shutterstock

El volcán Mombacho y la laguna de Apoyo.

Fotos593/Shutterstock

La arquitectura colonial de Granada.

LMspencer/Shutterstock

La playa Maderas en la costa del Pacífico.

3 En tu opinión, ¿qué temas se pueden encontrar en un reportaje turístico sobre Nicaragua?

- ◯ colegios
- ◯ gastronomía
- ◯ ciudades turísticas
- ◯ viviendas
- ◯ alojamientos
- ◯ actividades culturales
- ◯ deportes
- ◯ arquitectura
- ◯ biodiversidad

4 Lee el reportaje sobre Nicaragua y conoce un poco más de ese país.

El secreto mejor guardado de Centroamérica

Olvidada durante muchos años, Nicaragua, tierra de grandes lagos y volcanes, ha comenzado a abrir sus puertas al turismo. Atractivos no le faltan

[...]

Probablemente haya pocas zonas en el mundo que ofrezcan tanto en tan poco espacio como en Centroamérica. Y Nicaragua no es una excepción. Es una tierra de rica biodiversidad, con decenas de volcanes, lagos, selvas, playas vírgenes, reservas naturales con flora y fauna exóticas, preciosas ciudades coloniales... Y gente encantadora (los nicas, como se autodenominan) dispuesta a agasajar al visitante. [...]

Las joyas coloniales

A escasos cien kilómetros, hacia el noreste, se encuentra el primer asentamiento español de Nicaragua. La conocida popularmente como "La Gran Sultana", la Granada nicaragüense, fundada en 1524 por Francisco Hernández de Córdoba, es una de las ciudades más antiguas de Centroamérica y una joya de la arquitectura colonial.

Su historia ha sido turbulenta, fue víctima de motines y asaltos y casi desapareció en un incendio en 1856. Por suerte, no fue así, y hoy Granada es una de las mayores atracciones turísticas de Nicaragua; con sus calles empedradas, sus casas de colores y sus mercados derrocha encanto en cada esquina.

SL-Photography/Shutterstock

La ciudad de Granada, con la catedral y el lago Nicaragua al fondo.

Pero no solo la ciudad es un destino turístico de primer orden. En los alrededores, el lago Nicaragua, o Cocibolca (nombre de origen náhuatl), llamado por los conquistadores españoles mar de agua dulce por su inmensidad, es el segundo más grande de Latinoamérica, después del lago Titicaca, con sus 8.624 kilómetros cuadrados.

En el lago hay un archipiélago formado por más de 360 pequeñas islas conocidas como las Isletas de Granada, de origen volcánico. Son privadas y se contabiliza una comunidad de unas 1.200 personas que viven en las islas, la mayoría de ellas de la pesca; en algunas se han construido auténticas mansiones privadas, otras tienen casas que se alquilan y en otras hay hoteles o restaurantes.

Merece muchísimo la pena la visita a estas isletas por su naturaleza; en ellas anidan varios tipos de aves de la zona y, en algunas, incluso monos. Hay excursiones en pequeñas lanchas que se contratan en el Centro Turístico, situado en la costa del lago de la ciudad de Granada.

Simon Dannhauer/Shutterstock

El volcán Concepción, en Ometepe.

También sobresale otra isla, Ometepe, esta mucho más grande, de 276 kilómetros cuadrados, Reserva de la Biosfera, que alberga dos majestuosos volcanes, uno de ellos activo, unidos por un pequeño istmo. Ambiente hospitalario, hermosos paisajes, dos volcanes, playas tranquilas y reservas naturales y bosques donde poder apreciar una importante biodiversidad. Está habitada por pescadores y agricultores que han comenzado a dedicar atención a los turistas que se acercan con curiosidad.

Y nos queda León, la capital de Nicaragua hasta 1858, para completar un primer acercamiento a este país hospitalario y festivo, hasta ahora poco contemplado como destino turístico. León es historia viva de Nicaragua.

Chrispictures/Shutterstock

Vista desde el techo de la Catedral de León, en Nicaragua, declarada Patrimonio de la Humanidad.

A poco más de 90 kilómetros de Managua, al noroeste, cerca de la costa del Pacífico, esta urbe universitaria, tierra de grandes poetas como Ernesto Cardenal y reposo de Rubén Darío (que nació en Metapa pero está enterrado en la catedral, Patrimonio de la Humanidad), segunda en importancia del país y una de las más bellas ciudades coloniales de toda Centroamérica, fue una de las primeras que fundaron los españoles al llegar al continente y también la primera capital de la revolución sandinista.

El Museo de la Revolución es una excelente introducción a la historia nica reciente. Y sus calles y gentes, una lección de vitalidad.

EL SECRETO mejor guardado de Centroamérica. *El País*, Managua, 12 ene. 2017. Disponible en: https://cincodias.elpais.com/cincodias/2017/01/12/sentidos/1484222399_405481.html. Accedido el: 2 mayo 2021.

5 Vuelve a leer el reportaje y marca a qué ciudad se refiere cada información.

	León	Granada
a. Es considerada una ciudad universitaria.		
b. Fue el primer asentamiento español en Nicaragua.		
c. En esa ciudad está enterrado Rubén Darío.		
d. Casi desapareció en un incendio.		
e. Queda cerca al lago Nicaragua.		
f. Fue la capital de Nicaragua hasta 1858.		

6 Contesta a las preguntas.

a. ¿Granada ha superado su historia turbulenta? ¿Cómo está la ciudad actualmente?

____

____

____

b. ¿Qué atracciones naturales ofrece la región de Granada? ¿Qué hay en cada una de ellas?

____

____

____

____

c. ¿A cuál ciudad los turistas pueden ir para aprender sobre la historia reciente de Nicaragua? ¿Por qué?

____

____

____

7 Lee el fragmento y marca el sinónimo del verbo destacado.

[...] Granada es una de las mayores atracciones turísticas de Nicaragua; con sus calles empedradas, sus casas de colores y sus mercados **derrocha** encanto en cada esquina.

◯ destruye

◯ ahorra

◯ abunda

◯ intercambia

Reportaje es un texto informativo con características periodísticas en el que se utiliza el lenguaje verbal para dar a conocer algún tema de interés colectivo. Este tipo de texto presenta una estructura organizada a partir de un titular, un párrafo inicial o de entrada y el cuerpo del reportaje con informaciones útiles a los interesados en el tema.

¿Cómo funciona?

Pretérito pluscuamperfecto

1 Lee el fragmento de un relato de viaje y observa los verbos destacados.

Como México es un país grandísimo y con tantas cosas para ver, decidimos ser coherentes y centrarnos en la parte sudeste del país. [...] Como en México D. F. **habíamos gastado** bastantes días, optamos por ahorrarnos el viaje coche, que son un montón de horas, hasta Villahermosa y **fuimos en** un avión pequeñito que nos plantó allí en poco más de una hora. Por delante nos quedaban Tabasco y la lindísima península de Yucatán.

[...]

MÉXICO: Viaje entre selva y ruinas mayas. *Mil y un viajes por el mundo*. Disponible en: https://milyunviajesporelmundo.com/2017/01/17/mexico-viaje-entre-selva-y-ruinas-mayas/. Accedido el: 20 mayo de 2021.

a. ¿Qué expresan los verbos destacados?

- ◯ Una acción de rutina en el presente.
- ◯ Una acción en el pasado, anterior a otra acción pasada.
- ◯ Una acción que todavía no ha sucedido.

b. ¿Cuándo sucedieron esas acciones? Circula el orden en que se realizaron.

Como los viajeros **habían gastado** muchos días en México D.F.,

optaron por hacer el otro trayecto en avión.

antes después　　　　　　antes después

08 **2** Escucha el audio y observa los verbos destacados en el texto.

Cuando entró en el avión, Sara se recostó en su asiento y cerró los ojos, pues la espera en el aeropuerto la **había dejado** muy cansada. Nunca **había viajado** fuera de Brasil, solo **había ido** a Bahia y Rio de Janeiro. Estaba contenta porque **había conseguido** la beca para perfeccionar sus estudios en Cuba, y se **había esforzado** mucho para eso, **había perdido** muchos fines de semana estudiando e investigando. Ahora empieza nueva etapa y ve sus esfuerzos recompensados.

3 Fíjate en los verbos de las frases y relaciona.

a. Cuando **entró** en el avión [...]

b. [...] la espera en el aeropuerto la **había dejado** muy cansada.

c. Ahora, **empieza** nueva etapa [...]

- ◯ Acción en el presente.
- ◯ Acción en el pasado.
- ◯ Acción en el pasado, anterior a otra acción también en el pasado.

4 Completa la tabla con el pretérito imperfecto del verbo **haber** y el participio del verbo principal y forma el **pretérito pluscuamperfecto**.

	Pretérito pluscuamperfecto		
	Pretérito imperfecto del verbo haber		**Participio del verbo principal**
(yo)		+	(salir)
(tú)		+	(comprar)
(usted)		+	(romper)
(él / ella)		+	(escribir)
(nosotros/as)		+	(devolver)
(vosotros/as)		+	(resolver)
(ustedes)		+	(perder)
(ellos / ellas)		+	(viajar)

5 Ahora, utiliza el pretérito pluscuamperfecto de los verbos indicados entre paréntesis y completa las frases.

a. Se acordó de que no ______________________ (**coger**) la cámara para sacar fotos cuando estaba en el autocar.

b. Me di cuenta de que ______________________ (**perder**) el billete cuando el revisor me lo pidió.

c. Le ______________________ (**decir**) que iba a esperarla en la estación, pero no fue.

d. ______________________ (**comprar**) todo para viajar el sábado, pero como llovía mucho, decidimos dejarlo para el domingo.

e. No sabía que me ______________________ (**llamar**). ¿Por qué no me dejasteis un mensaje en el contestador?

f. Nuestros amigos ya ______________________ (**poner**) las maletas en la consigna cuando nos encontramos en la estación de tren.

g. Ya ______________________ (**estar**) en esa ciudad, pero no sabía que allí había un castillo.

6 Completa el relato con la forma correcta de los verbos indicados entre paréntesis.

De regreso

Aeropuerto Internacional Adolfo Suárez Madrid-Barajas (MAD), en Madrid.

En el Aeropuerto de Barajas, en Madrid, ______________ (**tener, pret. perfecto simple; nosotros**) un pequeño problema, porque nos ______________ (**equivocar, pluscuamperfecto**) de terminal y no ______________ (**saber, pret. imperfecto**) cómo ir a la terminal que nos correspondía para facturar el equipaje. Nos ______________ (**decir, pret. perfecto simple; ellos**) que teníamos que hacer el traslado en un tren automático subterráneo y que el trayecto duraría cuatro minutos. ______________ (**estar, pret. imperfecto; nosotros**) al borde de un ataque de nervios. Salir corriendo con tantos bultos y maletas y encima buscando un tren subterráneo ______________ (**ser, pret. perfecto simple**) un calvario. Cuando ______________ (**llegar, pret. perfecto simple; nosotros**) ya se ______________ (**formar, pluscuamperfecto**) una larga cola para facturar el equipaje. ______________ (**ser, pret. imperfecto**) las doce de la noche, y no ______________ (**dormir, pluscuamperfecto; nosotros**) nada la noche anterior, porque ______________ (**ir, pluscuamperfecto**) a una fiesta. Lo mejor de todo es que ______________ (**dormir, pret. perfecto simple; yo**) durante el vuelo y cuando me ______________ (**despertar, pret. perfecto simple**) ya estábamos llegando a Brasil.

Texto elaborado especialmente para esta obra.

Grados del adjetivo y del adverbio

1 Observa los **comparativos** en los cuadros y completa las frases.

a. Comparativo de igualdad:

tan ... como

El tren es ____________ **veloz** ____________ el coche.

↓

adjetivo

tanto como

El tren **corre** ____________________ el coche.

↓

verbo

b. Comparativo de superioridad:

más ... que

El tren es ____________ **veloz** ____________ el coche.

↓

adjetivo

más que

El tren **corre** ____________ el coche.

↓

verbo

c. Comparativo de inferioridad:

menos ... que

El coche es ____________ **veloz** ____________ el tren.

↓

adjetivo

menos que

El coche **corre** ____________ el tren.

↓

verbo

2 Observa los **superlativos** en los cuadros y completa las frases.

a. Superlativo relativo:

más / menos ... de

Es la casa ______________ / ______________ **cara** ______________ mi barrio.

↓

adjetivo

más / menos ... que

Es la casa ______________ / ______________ **cara** ______________ he visto.

↓

adjetivo

b. Superlativo absoluto:

-ísimo / -ísima

Esta casa es ______________ (**cara**).

3 Completa el cuadro de comparativos y superlativos especiales.

Adjetivos	Comparativos	Superlativos
bueno(a)	mejor	
malo(a)		pésimo(a) – el / la peor
pequeño(a)	menor	
grande		máximo(a) – el / la mayor

4 Relaciona las definiciones.

a. comparativo

b. superlativo relativo

c. superlativo absoluto

◯ Habla de un elemento en sí, sin compararlo con los demás.

◯ Habla de un elemento en comparación con otro.

◯ Habla de un elemento en comparación con otros dentro de un grupo.

En español se aceptan las formas **más pequeño** y **más grande**. Ejemplos: Aquel barco es **más pequeño** que este. Esa casa es **más grande** que aquella. Algunos superlativos son irregulares: amabilísimo; libérrimo; notabilísimo; celebérrimo; antiquísimo; misérrimo; fidelísimo.

5 Ahora observa las imágenes y completa las frases con un comparativo o un superlativo.

David R. Gee/Alamy/Fotoarena

a. Ese autobús es el ______________ moderno ______________ conozco.

Frenk Kaufmann/Alamy/Fotoarena

b. Marina es ______________ pequeña de todas.

Africa Studio/Shutterstock

c. Juan es ______________ alto ______________ su hermano.

Monkey Business Images/Shutterstock

d. Esa chica es mucho más que guapa. ¡Es ______________!

Calvin Chan/Shutterstock

e. El coche rojo corre ______________ el amarillo.

Dragon Images/Shutterstock

f. Carla estudia ______________ Susana.

pedrosala/Shutterstock

Martyn Jandula/Shutterstock

g. El tren con destino a Barcelona es ______________ veloz ______________ el metropolitano.

Otras expresiones de comparación

1 Además de las formas propias de la comparación vistas anteriormente, se usan otras. Relaciona las frases para conocer algunas de ellas.

a. Ana, mi compañera de clase, **se parece a** su madre.

b. Esta plaza **es idéntica a** una que hay en Guatemala.

c. Marcela **es clavada a** su abuela.

d. Este parque es muy bonito. **Es como** estar en el paraíso.

e. Todo lo que hace **es a lo loco**, no piensa en las consecuencias.

f. En muchos restaurantes **sirven a la francesa**.

( ) Para hablar de un comportamiento o de un modo de hacer algo.

( ) Para referirse a la manera de hacer algo en otro país.

( ) Para referirse a la similitud de dos sujetos.

( ) Para expresar una similitud en registros informales.

( ) Para presentar dos cosas como análogas o equivalentes.

( ) Para expresar una similitud muy fuerte entre dos sujetos.

2 Elige un destino turístico que conoces o te gustaría conocer y cuéntale a tu compañero cómo es ese sitio. Luego, comenten las semejanzas y diferencias que hay entre los dos destinos elegidos.

¿Vamos a producir?

La encuesta turística

La encuesta turística es un instrumento que permite recolectar información de un grupo de viajeros e identificar intenciones y necesidades relacionadas con el turismo, sean servicios, como la calidad de las instalaciones de un alojamiento, o intereses para futuros viajes.

Ese tipo de encuesta está organizado en dos partes: las preguntas o los ítems, organizados en un cuestionario, que se puede realizar de forma escrita u oral; y la descripción de los resultados. Para facilitar la identificación de los datos, las preguntas suelen tener respuestas cerradas o de elección múltiple. Los resultados pueden ser representados por gráficos o texto descriptivo.

Observa las cuatro primeras preguntas de una encuesta de una agencia de viajes.

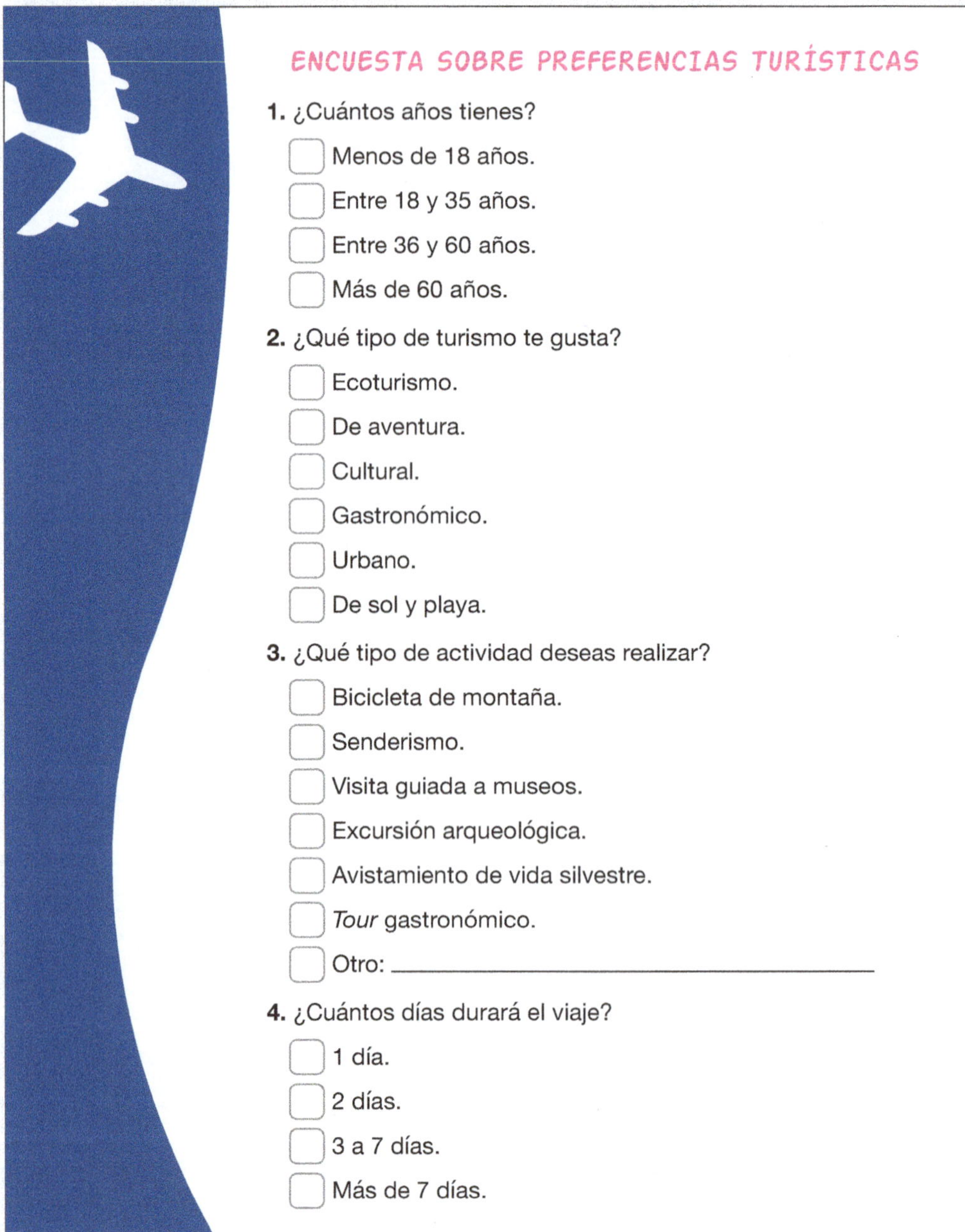

ENCUESTA SOBRE PREFERENCIAS TURÍSTICAS

1. ¿Cuántos años tienes?

- ☐ Menos de 18 años.
- ☐ Entre 18 y 35 años.
- ☐ Entre 36 y 60 años.
- ☐ Más de 60 años.

2. ¿Qué tipo de turismo te gusta?

- ☐ Ecoturismo.
- ☐ De aventura.
- ☐ Cultural.
- ☐ Gastronómico.
- ☐ Urbano.
- ☐ De sol y playa.

3. ¿Qué tipo de actividad deseas realizar?

- ☐ Bicicleta de montaña.
- ☐ Senderismo.
- ☐ Visita guiada a museos.
- ☐ Excursión arqueológica.
- ☐ Avistamiento de vida silvestre.
- ☐ *Tour* gastronómico.
- ☐ Otro: ______________________

4. ¿Cuántos días durará el viaje?

- ☐ 1 día.
- ☐ 2 días.
- ☐ 3 a 7 días.
- ☐ Más de 7 días.

Banco de imagens/Arquivo da editora

Ahora, sigue las etapas para preparar tu encuesta turística.

Preparación

1. Imagina que vas a organizar una excursión en grupo a un país hispanohablante. Mira las categorías en la tabla abajo y complétala con las preguntas que te serán útiles para saber los intereses del grupo y decidir cómo será el viaje.

Encuesta de intención turística	
Países	
Ciudades	
Alojamientos	
Medios de transporte	
Época del año	
Duración del viaje	
Otro tema de interés	

2. Ahora, piensa en las respuestas. Verifica si las opciones que escogiste ofrecen respuestas objetivas y útiles.

Producción

1. Escribe en el cuaderno las preguntas necesarias para cada categoría.
2. Para cada pregunta, escribe cuatro opciones de respuesta.
3. Verifica si las respuestas son objetivas y de elección múltiple.

Revisión

1. Intercambia la encuesta con un compañero. Echa un vistazo en lo que él ha preparado y corrige lo que sea necesario.
2. Devuélvele a tu compañero la producción que has corregido y revisa las correcciones que él hizo en tu texto.

Versión final

1. Haz las preguntas de la encuesta a tus compañeros o envíales el enlace del cuestionario.
2. Analisa los resultados y define como será el viaje del grupo con base en las respuestas.
3. Presenta a la clase los resultados del interés turístico del grupo.

¡Entérate!

Turismo y conservación ambiental

Los ambientes naturales son los más buscados por los turistas que desean tener contacto con la naturaleza. Existen muchas playas, montañas, florestas, desiertos increíbles para conocer en el mundo —sin embargo, es fundamental que esos lugares sean conservados y respetados—. ¿Cómo crees que se da la protección de esos ambientes? Lee el texto para enterarte de ese tema.

El paraíso de Cabrera cumple 30 años de protección

Su reconocimiento siguió una fuerte lucha colectiva por preservar uno de los lugares más únicos y vírgenes del Mediterráneo.

A menos de 40 minutos desde la Colonia de Sant Jordi, una de las zonas de veraneo por excelencia de la isla de Mallorca, se encuentra Cabrera, un pequeño archipiélago de 19 islotes cuyo paisaje litoral, según los expertos, está considerado uno de los mejores conservados de las costas españolas, y uno de los mejores, también, de todo el Mediterráneo occidental.

Nikiforov Alexander/Shutterstock

Paseo en yates en isla Cabrera.

Además de su belleza, si algo caracteriza a este territorio es su declaración como Parque Nacional, un hito conseguido tras mucho esfuerzo y que el 29 de abril cumplió 30 años. Esta declaración no solo representó un avance en su conservación, sino un precedente muy positivo para el Mediterráneo, el mar más amenazado del planeta, donde los niveles de sobrepesca y contaminación son extremadamente altos.

[...]

El gobierno balear recientemente ha comenzado a trabajar para convertir Cabrera en una isla autosuficiente y sostenible, buscando implementar medidas para mejorar la sostenibilidad del espacio natural y convertirlo, en todo lo posible, en un escaparate inmejorable para transferir el conocimiento a las otras islas.

[...]

SALVÁ, Ana. Condé Nast Traveler. *Traveler*, 12 mayo 2021. Disponible en: www.traveler.es/naturaleza/articulos/cabrera-islas-parque-nacional-como-visitarla/20959. Accedido el: 12 mayo 2021.

---

1. Según el texto, ¿por qué fue importante que Cabrera fuera declarada un Parque Nacional?
2. En tu opinión, ¿qué pueden hacer los viajeros para no dejar huella al visitar un ambiente natural?
3. ¿Hay parques naturales en la región en que vives? ¿Qué sabes sobre esos espacios?

Sigue explorando

Las rutas con la mochila

Montañas, desiertos, valles nevados, paisajes lunares, playas, salares... ¡no te faltará nada! Si planeas un viaje durante varias semanas o meses, el mundo hispanohablante les ofrece muchas opciones a los viajeros que quieren coger la mochila y aventurarse por paisajes de quitar el sentido. Conoce dos rutas de mochileros preciosas en España y Latinoamérica.

La ruta Andaluza (España)

Eva Pruchova/Shutterstock

Andalucía es una comunidad autónoma al sur de España, conocida por bellas capitales y su diversidad multicultural que atraen a muchos viajeros de todo el mundo.

Ruta de los Salares (Chile)

EAFO/Shutterstock

La Ruta de los Salares es un recorrido por un altiplano de 4000 metros sobre el nivel del mar, en San Pedro del Atacama. Uno de los atractivos de ese destino son los flamencos que viven en la región andina.

Ahora, investiga otras rutas de mochileros en España e Hispanoamérica y elige la que más te llama la atención para presentarla en clase:

- Busca información en Internet.
- Selecciona imágenes, audios y/o videos de la aplicación elegida.
- Organiza tu investigación en una presentación para compartir con tus compañeros.

Para explorar más

- ANDES Mágicos. Dirección: Luis Ara. Uruguay: Trailer Films, 2019.
  En esta serie documental puedes conocer un poco de las personas y las costumbres de Argentina hasta Colombia en un viaje por las montañas.
- PACHAMAMA. Dirección: Juan Antin. Francia, Canadá, Luxemburgo: Folivari, 2018.
  Una estatuilla sagrada es robada de un pueblo andino y un niño que sueña convertirse en chamán participa en la búsqueda para recuperarla.
- PISOS, Aitor; FIERRO, Marco. Trotamundos. Etapa 2: Pomaire, el pueblo de la greda (Chile). *PROFE de ELE*. Disponible en: www.profedeele.es/actividad/podcast/trotamundos-pomaire-pueblo-de-greda-chile/. Accedido el: 2 mayo 2021.
  En este sitio, podrás adquirir conocimiento mientras haces actividades acerca de una ciudad chilena llamada Pomaire.

UNIDAD 3

EL UNIVERSO

- ¿Qué actividad puede estar representada en la fotografía? ¿Dónde se realiza?
- ¿Qué fenómenos astronómicos se pueden ver en una observación del cielo?
- ¿Crees que puedes observar muchos fenómenos astronómicos desde tu ciudad? ¿Por qué?

El ser humano siempre se ha maravillado al observar el cielo y se ha preguntado cuál es su lugar en el Universo. La Tierra es un pequeño planeta del sistema solar que, con otros mil millones de cuerpos celestes, forma una galaxia, que es solo una entre las innúmeras galaxias que forman el Universo. ¿Te animas a conocer cómo puedes hablar del Universo en español?

Inne Wagemans/Shutterstock

Estación de observación espacial en el desierto de Atacama, en Chile.

¿Cómo se dice?

09 **1** Escucha y lee el cuento.

Cuento de Navidad

El día siguiente sería Navidad y, mientras los tres se dirigían a la estación de naves espaciales, el padre y la madre estaban preocupados. Era el primer vuelo que el niño realizaría por el espacio, su primer viaje en cohete, y deseaban que fuera lo más agradable posible. Cuando en la aduana les obligaron a dejar el regalo porque pasaba unos pocos kilos del peso máximo permitido y el arbolito con sus hermosas velas blancas, sintieron que les quitaban algo muy importante para celebrar esa fiesta. El niño esperaba a sus padres en la terminal. Cuando estos llegaron murmuraban algo contra los oficiales interplanetarios.

—¿Qué haremos?

—Nada, ¿qué podemos hacer?

—¡Al niño le hacía tanta ilusión el árbol!

La sirena sonó, y los pasajeros fueron hacia el cohete de Marte. La madre y el padre fueron los últimos en entrar. El niño iba entre ellos, pálido y silencioso.

—Ya se me ocurrirá algo —dijo el padre.

—¿Qué...? —preguntó el niño.

El cohete despegó y se lanzó hacia arriba al espacio oscuro. Lanzó una estela de fuego y dejó atrás la Tierra, un 24 de diciembre de 2052, para dirigirse a un lugar donde no había tiempo, donde no había meses, ni años, ni horas. Los pasajeros durmieron durante el resto del primer "día". Cerca de medianoche, hora terráquea según sus relojes neoyorquinos, el niño despertó y dijo:

—Quiero mirar por el ojo de buey.

—Todavía no —dijo el padre. —Más tarde.

Caue Zunchini/Arquivo da editora

—Quiero ver dónde estamos y a dónde vamos.

—Espera un poco —dijo el padre.

El padre había estado despierto, volviéndose de un lado a otro, pensando en la fiesta de Navidad, en los regalos y en el árbol con sus velas blancas que había tenido que dejar en la aduana. Al fin creyó haber encontrado una idea que, si daba resultado, haría que el viaje fuera feliz y maravilloso.

—Hijo mío —dijo—, dentro de media hora será Navidad.

La madre lo miró consternada; había esperado que de algún modo el niño lo olvidaría. El rostro del pequeño se iluminó; le temblaron los labios.

—Sí, ya lo sé. ¿Tendré un regalo? ¿Tendré un árbol? Me lo prometisteis.

—Sí, sí. Todo eso y mucho más —dijo el padre.

—Pero… —empezó a decir la madre.

—Sí —dijo el padre. —Sí, de veras. Todo eso y más, mucho más. Perdón, un momento. Vuelvo pronto.

Los dejó solos unos veinte minutos. Cuando regresó, sonreía.

—Ya es casi la hora.

—¿Puedo tener un reloj? —preguntó el niño.

Le dieron el reloj, y el niño lo sostuvo entre los dedos: un resto del tiempo arrastrado por el fuego, el silencio y el momento insensible.

—¡Navidad! ¡Ya es Navidad! ¿Dónde está mi regalo?

—Ven, vamos a verlo —dijo el padre y tomó al niño de la mano.

Salieron de la cabina, cruzaron el pasillo y subieron por una rampa. La madre los seguía.

—No entiendo.

—Ya lo entenderás —dijo el padre. —Hemos llegado.

Se detuvieron frente a una puerta cerrada que daba a una cabina. El padre llamó tres veces y luego dos, empleando un código. La puerta se abrió, llegó luz desde la cabina, y se oyó un murmullo de voces.

—Entra, hijo.

—Está oscuro.

—No tengas miedo, te llevaré de la mano. Entra, mamá.

Entraron en el cuarto y la puerta se cerró; el cuarto realmente estaba muy oscuro.

Ante ellos se abría un inmenso ojo de vidrio, el ojo de buey, una ventana de metro y medio de alto por dos de ancho, por la cual podían ver el espacio. El niño se quedó sin aliento, maravillado. Detrás, el padre y la madre contemplaron el espectáculo, y entonces, en la oscuridad del cuarto, varias personas se pusieron a cantar.

—Feliz Navidad, hijo —dijo el padre.

Resonaron los viejos y familiares villancicos; el niño avanzó lentamente y aplastó la nariz contra el frío vidrio del ojo de buey. Y allí se quedó largo rato, simplemente mirando el espacio, la noche profunda y el resplandor, el resplandor de cien mil millones de maravillosas velas blancas.

BRADBURY, Ray. Cuento de Navidad. ABC, 26 nov. 2006. Disponible en: www.abc.com.py/edicion-impresa/suplementos/escolar/cuento-de-navidad-945329.html. Accedido el: 8 mayo 2021.

2 Contesta a las preguntas sobre el texto.

a. ¿Adónde iba a viajar la familia? ¿En qué medio de transporte?

b. ¿Qué ocurrió en la aduana?

c. ¿Qué regalo acabó dándole el padre al niño la noche de Navidad?

d. ¿Crees que al niño le gustó ese regalo? Justifica tu respuesta.

3 En el cuento se dice que la familia se dirigía "a un lugar donde no había tiempo, donde no había meses, ni años, ni horas". ¿Por qué no había tiempo? Discute con tus compañeros posibles hipótesis para eso.

4 ¿Cómo se cuenta el tiempo en la Tierra? Investiga los movimientos que determinan la marcación del tiempo en nuestro planeta y comparte las informaciones con tus compañeros.

5 Ahora, habla de ti a un colega.

a. ¿Te gustaría hacer un viaje como ese? ¿Por qué?

b. ¿Crees que ese tipo de viaje un día será corriente ? Justifica tu respuesta.

El sistema solar y los planetas

1 Lee el texto y entérate de nuestro sistema solar. Después, completa el texto con las palabras del recuadro.

Mercurio	**Neptuno**	**Sol**	**Tierra**	**Venus**	**Júpiter**	**satélites**
Luna	**Marte**	**Saturno**	**Urano**	**sistema solar**		

El sistema solar y los planetas

Reproducción artística y fuera de escala.

El ______________________ se constituye por el Sol; ocho planetas que giran a su alrededor; la Luna, satélite de la Tierra; además de otros cuerpos celestes, como los planetas enanos (Plutón, Ceres, Caronte y Eris); los cometas; meteoritos; asteroides, etc. La trayectoria de los planetas alrededor del Sol se llama órbita.

El __________ es una estrella con luz propia. Es el astro más importante del sistema solar. Nuestra vida depende del calor y de la luz que nos proporciona. Sin él, en la Tierra habría solo desolación y frío.

Los ________________ son cuerpos mayores que orbitan los planetas. La ________________ es el único satélite de la Tierra. Es el astro más cercano a nosotros y el que más se conoce. Es la responsable por las mareas.

________________________ es el planeta más cercano al Sol y el segundo planeta más pequeño del sistema solar. Forma parte de los denominados planetas interiores o terrestres.

El segundo planeta desde el Sol es________________, el más semejante a la Tierra, pues los dos se formaron en la misma época, a partir de la misma nebulosa.

La ______________ es el tercer planeta más cercano al Sol. Es el único planeta en el sistema solar que se sabe que alberga vida. Desde el espacio, los astronautas tienen la impresión de que la Tierra es pequeña, con una delgada y frágil capa de atmósfera. El 71% de su superficie está cubierta de agua y, para un viajero espacial, sus características distintivas son las aguas azules, masas de tierra de color café y verde y nubes blancas contrastando con un fondo negro. La atmósfera de la Tierra nos protege de meteoritos, la mayoría de los cuales se desintegran antes de que puedan llegar a la superficie; la capa de ozono bloquea parcialmente las radiaciones solares perjudiciales a la vida en la superficie. Nuestro planeta tarda 365 días y seis horas en dar una vuelta completa alrededor del Sol, que se corresponde con el año solar.

______________ es el cuarto planeta desde el Sol, conocido como el Planeta Rojo, por sus tonos rosados. La atmósfera de Marte es bastante diferente de la atmósfera de la Tierra porque su suelo es seco y oxidante y recibe del Sol demasiados rayos ultravioletas.

El quinto planeta desde el Sol es ________________, el mayor del sistema solar. Si Júpiter estuviera vacío, cabrían en su interior más de mil Tierras. Tiene dieciséis satélites a su alrededor.

El sexto planeta desde el Sol es________________, el segundo más grande del sistema solar. Sus anillos hacen de él uno de los planetas más bonitos.

______________ es el séptimo planeta desde el Sol y el tercero más grande del sistema solar. El día de Urano dura diecisiete horas y catorce minutos.

El planeta más distante del Sol y el más exterior de los gigantes gaseosos es

________________. Los vientos más fuertes medidos en cualquiera de los planetas del sistema solar son los de ese planeta.

Fuente de la información: www.solarviews.com y www.astromia.com. Accedido el: 8 mayo 2021.

Los **planetas interiores** o **terrestres** son los cuatro planetas que están más cercanos al Sol: Mercurio, Venus, la Tierra y Marte. Son cuerpos de densidad elevada, formados principalmente por materiales rocosos y metálicos, con una estructura interna bien diferenciada y con un tamaño similar.
Los **planetas exteriores**, **gigantes** o **gaseosos** son aquellos que están ubicados más allá del cinturón de asteroides: Júpiter, Saturno, Urano y Neptuno. Esos planetas son básicamente gaseosos y carecen de superficie sólida. Sus principales características: giran muy deprisa, disponen de fuertes campos magnéticos, y tienen sistemas de anillos a su alrededor, además de muchos satélites.
Una información curiosa es que la Unión Astronómica Internacional (UAI) ha creado el término **planeta enano** para definir una nueva clase de cuerpos celestes.

2 ¿Te gustan los *quiz*? Contesta a las preguntas sobre el sistema solar y contabiliza los puntos. Después, compara tu resultado con el de tus compañeros. ¡Ojo! Cada pregunta vale diez puntos.

a. ¿Qué planeta está más cerca del Sol?

- ◯ Mercurio.
- ◯ Venus.
- ◯ La Tierra.
- ◯ Marte.

b. ¿Qué planeta se formó de la misma nebulosa que la Tierra?

- ◯ Marte.
- ◯ Júpiter.
- ◯ Mercurio.
- ◯ Venus.

c. ¿Cuál es el planeta de mayor tamaño?

- ◯ La Tierra.
- ◯ Urano.
- ◯ Júpiter.
- ◯ Saturno.

d. ¿Cuál es el planeta que tiene anillos a su alrededor?

- ◯ La Tierra.
- ◯ Venus.
- ◯ Saturno.
- ◯ Neptuno.

e. ¿Cuál es el único planeta del sistema solar que se sabe que tiene vida?

- ◯ Marte.
- ◯ Mercurio.
- ◯ Venus.
- ◯ La Tierra.

f. ¿Cuál es el astro más cercano a nuestro planeta?

- ◯ Júpiter.
- ◯ Venus.
- ◯ La Luna.
- ◯ Urano.

g. ¿En qué planeta el día dura diecisiete horas y catorce minutos?

- ◯ Mercurio.
- ◯ Marte.
- ◯ Venus.
- ◯ Urano.

h. El Sol es:

- ◯ un satélite.
- ◯ un asteroide.
- ◯ una estrella.
- ◯ un cometa.

El espacio

1 Mira las imágenes y completa el crucigrama con las palabras que puedes utilizar para hablar del espacio.

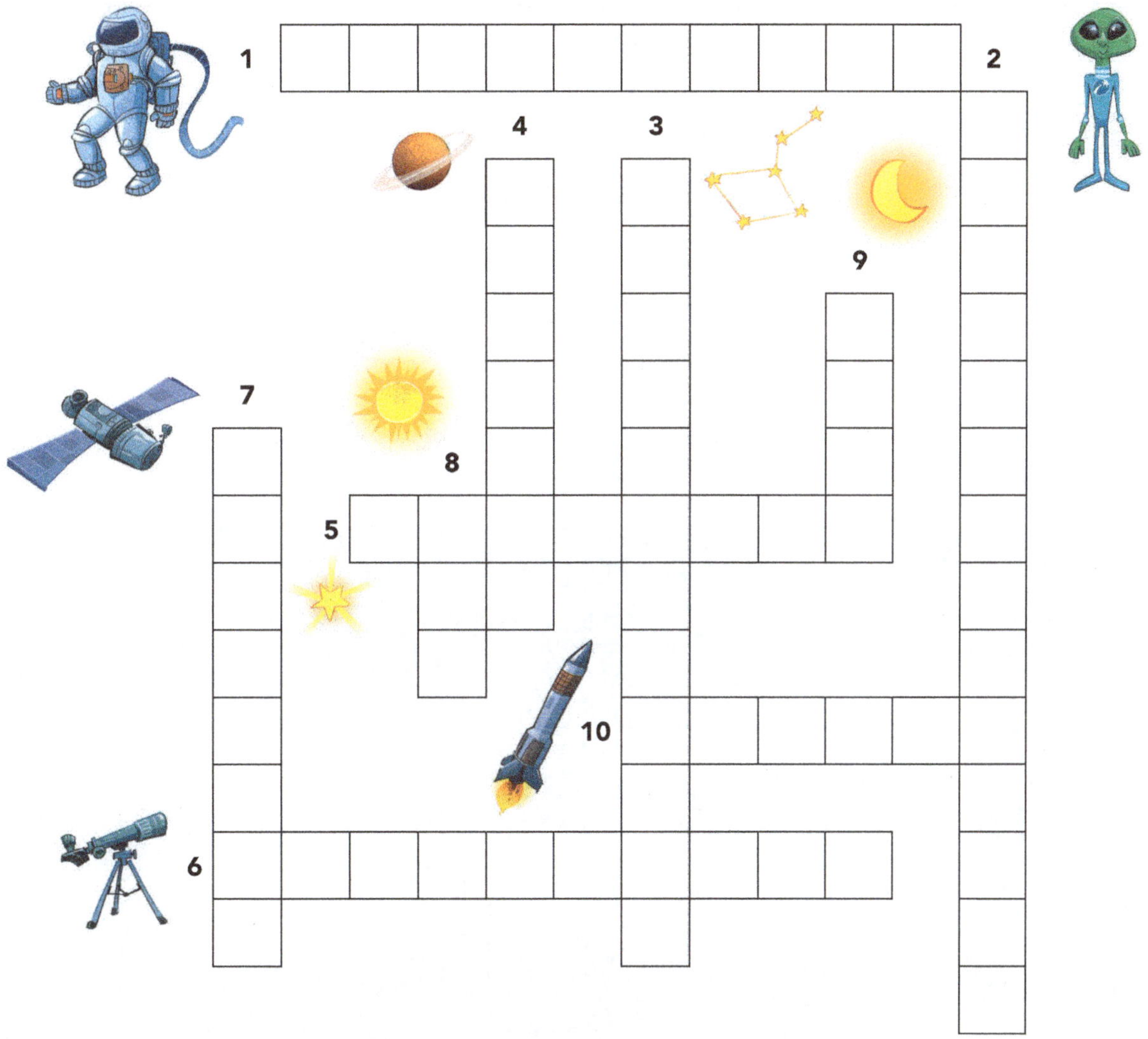

Ilustrações: Mauro Souza/Arquivo da editora

2 Utiliza las palabras de la actividad anterior para identificar a qué se refiere cada definición.

a. ______________________: piloto de un vehículo espacial que viaja fuera de la atmósfera de la Tierra.

b. ______________________: vehículo espacial que contiene un explosivo utilizado para viajar a otros planetas.

c. ______________________: aparato puesto en órbita fuera de la Tierra con fines científicos.

d. ______________________: satélite natural que gira alrededor de un planeta.

e. ______________________: ser que proviene de un planeta distinto de la Tierra.

f. ______________________: instrumento compuesto por lentes que se utiliza para observar el espacio.

¿Entiendes lo que oyes?

1 ¿Ya has observado el cielo con un telescopio o te gustaría hacerlo? ¿Cómo fue la experiencia o cómo crees que sería? Habla con tus compañeros.

2 Escucha el audio y completa los huecos del texto.

Chile albergará telescopio más grande del mundo

Esta mañana, el Ministro de Relaciones Exteriores de Chile, Alfredo Moreno, y el Director General de la Organización Europea para la Investigación Astronómica en el Hemisferio Austral (ESO), Tim de Zeeuw, firmaron el convenio que ______________ la instalación del mayor telescopio del mundo en el Cerro Armazones, en la Región de Antofagasta.

El Telescopio Europeo Extremadamente Grande (E-ELT) en su recinto en Cerro Armazones, en el desierto de Atacama, Chile.

L. Calçada/ESO/AFP

El Telescopio Europeo Extremadamente Grande (E-ELT), con su ______________ primario de 40 metros de diámetro, ha sido apodado como el ojo más grande del mundo en el ______________. El telescopio es el proyecto más ambicioso de ESO hasta el momento. Con el inicio de operaciones previsto para principios de la próxima década, el nuevo telescopio ______________ los mayores desafíos ______________ de nuestro tiempo y ______________ una serie de notables primicias, incluyendo el seguimiento de ______________ parecidos a la Tierra, que giran alrededor de otras estrellas en "zonas habitables" donde la vida podría existir.

[...]

El nuevo telescopio ______________ integrado dentro del Observatorio Paranal, que comprende al Very Large Telescope (VLT), el Interferómetro del VLT y los Telescopios de Rastreo. Cerro Paranal está a solo 20 kilómetros de Cerro Armazones y gran parte de la ______________ puede ser compartida entre los dos sitios.

[...]

Este acuerdo representa otra importante contribución a la ______________ científica y tecnológica entre Chile y ESO, que comenzó en 1963 con la firma del primer acuerdo. ESO y Chile han colaborado en muchos ______________ astronómicos en instrumentación y tecnología, así como en la formación de científicos, ingenieros y técnicos, con el objetivo de ______________ aún más las capacidades en este campo en Chile, que es una de las regiones astronómicas más importantes del mundo.

[...]

GOBIERNO DE CHILE. MINISTERIO DE RELACIONES EXTERIORES. Chile albergará telescopio más grande del mundo. *Chile en el exterior*. Disponible en: https://chile.gob.cl/chile/en/blogs/todos/chile-albergara-telescopio-mas-grande-del-mundo. Accedido el: 8 mayo 2021.

3 Ahora, señala si las afirmaciones son **(V)** verdaderas o **(F)** falsas.

a. ◯ La instalación del telescopio más grande del mundo es el resultado de inversiones exclusivas del gobierno chileno.

b. ◯ El proyecto prevé el inicio de las operaciones para la próxima década.

c. ◯ Una de las actividades que se podrá desarrollar es la observación de las zonas habitables de la Luna.

d. ◯ Los acuerdos de colaboración entre Chile y ESO ya han contribuido para la formación de científicos.

4 Ahora contesta a las preguntas oralmente.

a. ¿Has visitado alguna vez un planetario o un observatorio astronómico? ¿Cómo fue la experiencia?

b. ¿Crees que puede existir vida en otros planetas? ¿Por qué?

¿Qué sonido tiene y cómo se escribe?

Curiosidades de la ortografía

1 Hay palabras que del español para el portugués presentan solo pequeños cambios. Escucha el audio, observa las palabras en destaque y completa el cuadro.

ESA/NASA

Viajar por el espacio

Así es, ahora no tienes ninguna **excusa** para no viajar por el espacio. Cualquier persona puede viajar a Marte, experimentar un impacto lunar, manejar hasta nueve naves diferentes y explorar las imágenes de formación de las estrellas tomadas por el Telescopio Espacial Hubble.

La agencia espacial norteamericana ha inaugurado en su página web un sistema de simulación sobre comunicación espacial y navegación, diseñada para entretener y educar. Se trata de una simulación **interactiva** que **ofrece** una experiencia virtual en 3D para visualizar cómo los datos viajan por caminos diferentes **a través** del espacio.

Fuente de la información: www.gmv.com/blog_gmv/language/es/puedes-viajar-por-el-espacio/. Accedido el: 2 mayo 2021.

Español				
Portugués	escusa	interativa	oferece	através

2 Completa los recuadros para conocer otras palabras.

Cambio de x por s		**Inversión de letras**		**Cambios vocálicos**	
Español	**Portugués**	**Español**	**Portugués**	**Español**	**Portugués**
	esfoliar	apio		caer	cair
excavar	escavar		bairro	ocurrir	
extender		desvariar	desvairar	sufrir	sofrer
explanada	esplanada	gaviota			tudo
	misto	preguntar	perguntar	vivir	

Adición de letras en portugués		Adición de letras en español	
Español	**Portugués**	**Español**	**portugués**
	compreender	arruga	ruga
demostrar		defensa	
establecer	estabelecer		estudar
bandera			exame
	apresentar	intentar	

Unión de palabras en portugués		Supresión de la c en portugués	
Español	**Portugués**	**Español**	**Portugués**
a pesar	apesar	actuar	atuar
	enfim		afetar
de veras	deveras	carácter	
	portanto	nocturno	noturno
tal vez			reto

12 **3** Escucha y completa el texto.

El Universo es todo, sin ____________

Materia, energía, espacio y tiempo, ____________ lo que existe forma parte del Universo. En cuanto a la materia, el Universo es, ____________, ____________ vacío.

El Universo contiene galaxias, estrellas, planetas, etc. Todavía no sabemos con ____________ la ____________ del Universo, ____________ de la avanzada ____________ disponible en la ____________. Sin embargo, el 90% del Universo es una masa ____________, que no podemos observar.

ASTROMÍA. ¿Qué es el Universo? Disponible en: www.astromia.com/universo/eluniverso.htm. Accedido el: 8 mayo 2021.

¿Vamos a leer?

1 ¿Crees que los avances científicos pueden ayudar a explorar la vida en otros planetas? Mira las imágenes y discútelo con tu compañero.

a.

Corona Borealis Studio/Shutterstock

Marte Rover explorando la superficie de Marte.

b.

Artsiom P/Shutterstock

Nave espacial despega en el espacio.

c.

Andrey Armyagov/Shutterstock

Astronautas en la estación espacial internacional.

2 Marca las características de una exploración espacial.

- ◯ Estudia el espacio y sus astros.
- ◯ No aporta ningún beneficio.
- ◯ Utiliza métodos científicos.
- ◯ Se apoya en recursos tecnológicos.
- ◯ Se hace solamente desde la Tierra.
- ◯ Visita otros planetas.
- ◯ Observa cuerpos celestes.
- ◯ Es algo reciente en el mundo.

3 ¿Qué motivaciones crees que llevan al ser humano a explorar otros planetas?

____

____

____

____

4 Lee el editorial y descubre qué piensan de la misión a Marte.

Marte y nuestra especie

El 'Perseverance' es un gran símbolo del instinto de exploración, curiosidad y conocimiento que eleva a los seres humanos.

19 feb. 2021 - 18:21 BRT

El objetivo de la misión a Marte de la NASA, que ha logrado este jueves colocar el vehículo Perseverance en la superficie del planeta vecino, no puede ser más ambicioso. Se trata de encontrar restos de vida pasada, quizá residuos de materia orgánica o compuestos químicos que solo puedan interpretarse por procesos biológicos pretéritos. La esperanza de hallarlos está bien fundada, pues hace 3500 millones de años, en la juventud del Sistema Solar, Marte era un planeta tan habitable como la Tierra, con una atmósfera compatible con la vida y grandes ríos y lagos. En uno de estos antiguos lagos, el ahora llamado cráter Jezero, es justo donde el Perseverance se ha posado en Marte. Los científicos planetarios lo consideran un lugar ideal para que la vida hubiera surgido, como lo hizo en la Tierra hacia la misma época.

Evgeniyqw/Shutterstock

Ilustración de la grúa de aterrizaje depositando al 'Perseverance' en el cráter Jezero de Marte.

La misión de la NASA es también un prodigio de la ingeniería. No por el mero hecho de viajar a Marte —la agencia norteamericana, para envidia de la europea, ha aterrizado ya otras cuatro veces allí—, sino por toda la tecnología de vanguardia que contiene el Perseverance. Para llegar a la órbita de Marte, en realidad, a los ingenieros les bastan las ecuaciones que Newton escribió hace cuatro siglos. Lo que lleva dentro el vehículo de exploración no se le habría ocurrido ni a Einstein.

Como el aterrizaje solo dura siete minutos, pero hacen falta once para mandarle un mensaje desde Tierra, la operación tiene que ser completamente autónoma, es decir, dirigida por un robot. La recogida de muestras del antiguo lago y su análisis dependen también de una inteligencia artificial de última generación y de unos sistemas en los que han participado países europeos, incluida España.

Explorar un lago marciano arcaico y el delta del río que lo alimentaba en la noche de los tiempos será un estímulo suficiente para inspirar la imaginación de muchos terrícolas. Otros muchos, sin embargo, se volverán a preguntar a qué viene todo esto cuando quedan tantos problemas graves por resolver en nuestro planeta. El objetivo es la Tierra, dirán. Y lo cierto es que es un punto de vista difícil de discutir. Una línea argumental sostiene que la investigación espacial genera tecnologías que luego benefician a muchos sectores productivos, y es correcto. Basta recordar el GPS que todos llevamos en el bolsillo. Este razonamiento servirá a las personas más pragmáticas, pero hay una perspectiva más romántica y fundamental que puede convencer a muchos más: que el éxito de nuestra especie se basa en la curiosidad, la exploración y el conocimiento.

MARTE y nuestra especie. *El País*. España, 19 feb. 2021. Disponible en: https://elpais.com/opinion/2021-02-19/marte-y-nuestra-especie.html. Accedido el: 8 mayo 2021.

5 Escribe si las afirmaciones son (**V**) verdaderas o (**F**) falsas.

a. ◯ Marte era un planeta tan habitable como la Tierra.

b. ◯ Los europeos estuvieron cuatro veces en Marte, así como los norteamericanos.

c. ◯ La tecnología utilizada en la ingeniería del Perseverance es de la época de Newton.

d. ◯ El Perseverance utiliza inteligencia artificial de última generación.

e. ◯ La investigación espacial no aporta beneficios directos al planeta Tierra.

6 Contesta a las preguntas.

a. ¿Qué acontecimiento ha motivado la publicación del editorial?

____

____

b. Según los científicos, ¿qué características refuerzan la idea de que había vida en Marte?

____

____

____

c. ¿Te consideras un ser curioso, explorador en busca de conocimiento? ¿Por qué?

____

____

____

7 El editorial es un tipo de texto:

◯ publicitario. ◯ periodístico. ◯ literario. ◯ escolar.

8 ¿Qué función tiene la palabra destacada en el fragmento?

> [...] la agencia norteamericana, para **envidia** de la europea, ha aterrizado ya otras cuatro veces allí [...].

◯ Destacar que la agencia europea no trabaja tan bien como la norteamericana.

◯ Expresar que a la agencia europea le gustaría haber estado en Marte más veces.

◯ Decir que la agencia europea también ha estado en Marte otras veces.

Editorial es un tipo de texto argumentativo, subjetivo, de carácter periodístico, que expresa la opinión de un periódico o de una revista acerca de algún acontecimiento de interés público. Tiene como objetivo convencer al lector, con base en argumentos consistentes, como datos estadísticos o comparaciones, y está firmado por el autor o por el equipo del editorial.

¿Cómo funciona?

El futuro de indicativo (verbos regulares e irregulares)

1 Lee el fragmento de una noticia sobre una misión espacial y observa los verbos destacados. Después, haz lo que se pide.

Astronauta análogo bogotano se entrenará para viajar a Marte

Reprodução/Arquivo pessoal

El ingeniero colombiano David Mateus en la primera misión internacional con una tripulación latina.

[...]

El 24 de abril David Mateus **participará** en la primera misión internacional con una tripulación completamente latina a bordo del Mars ocean analogs el cual **servirá** para hacer la simulación de un análogo marciano, un proyecto liderado por Reid Stowe, la persona que tiene el récord del viaje en barco más largo de la historia, 1 000 días sin parar a reabastecerse en tierra firme. [...]

SÁNCHEZ, Natalie. Astronauta análogo bogotano se entrenará para viajar a Marte. *Bogotá*. Disponible en: https://bogota.gov.co/internacional/astronauta-bogotano-se-entrenara-para-viajar-marte. Accedido el: 8 mayo 2021.

a. ¿Qué expresan los verbos destacados en la noticia?

- ◯ Expresan acciones en el presente.
- ◯ Nos dan la idea de tiempo pasado.
- ◯ Expresan noción de tiempo futuro.

b. Circula las expresiones que se utilizan para hablar de tiempo futuro.

ayer **mañana** **pasado mañana** **el próximo mes**
hoy **el mes pasado** **la semana que viene**

2 Lee el texto y completa el recuadro con el infinitivo de los verbos destacados.

Mi hermano y yo queremos comprar un telescopio. Primero, **arreglaremos** un empleo y **obtendremos** ingresos que nos **permitirán** comprar uno de segunda mano, después le **haremos** algunas reformas. Le **pondremos** piezas nuevas y, al final, **tendremos** un telescopio bueno que **valdrá** mucho más y lo **podremos** usar para admirar las estrellas. Seguro que **aprenderé** mucho de los misterios del Universo.

Caue Zunchini/Arquivo da editora

	Verbos regulares		
Infinitivo			
Futuro	arreglaremos	aprenderé	permitirán

	Verbos irregulares					
Infinitivo						
Futuro	haremos	obtendremos	podremos	pondremos	tendremos	valdrá

3 Ahora completa la tabla y observa la formación del futuro de indicativo de los verbos regulares.

	Estar	**Traer**	**Recibir**
(yo)	estaré	traer________	recibiré
(tú)	estarás	traerás	recibir________
(usted)	estar________	traerá	recibirá
(él / ella)	estará	traer________	recibirá
(nosotros/as)	estaremos	traeremos	recibir________
(vosotros/as)	estar________	traeréis	recibiréis
(ustedes)	estarán	traerán	recibir________
(ellos / ellas)	estarán	traer________	recibirán

Fíjate que el futuro de indicativo de los verbos regulares se forma con el infinitivo y las terminaciones **-é, -ás, -á, -emos, -éis, -án**.
Esas terminaciones se usan en las tres conjugaciones para todos los verbos regulares.

4 Ahora, observa algunas irregularidades del futuro y completa las tablas.

a. Verbos que omiten la **e** del infinitivo (sab**e**r → sabr**é** / sabr**ía**):

	Saber	**Poder**
(yo)	sabré	podr________
(tú)	sabr________	podrás
(usted)	sabr________	podr________
(él / ella)	sabrá	podrá
(nosotros/as)	sabremos	podr________
(vosotros/as)	sabr________	podréis
(ustedes)	sabrán	podr________
(ellos / ellas)	sabr________	podrán

No hay irregularidad en el futuro ni en el condicional de los verbos de la 1ª conjugación (**-ar**). Los verbos de la 2ª (**-er**) y de la 3ª conjugación (**-ir**) presentan irregularidad en la raíz. La terminación de esos tiempos es la misma para los regulares e irregulares (futuro: **-é, -ás, -á, -emos, -éis, -án**; condicional: **-ía, -ías, -ía, -íamos, -íais, -ían**).

b. Verbos que cambian la **e** o la **i** del infinitivo por una **d** (pon**e**r → pon**d**ré / pon**d**ría; sal**i**r → sal**d**ré / sal**d**ría):

	Poder	**Tener**
(yo)	pondré	tendr________
(tú)	pondr________	tendrás
(usted)	pondrá	tendr________
(él / ella)	pondr________	tendrá
(nosotros/as)	pondremos	tendr________
(vosotros/as)	pondr________	tendréis
(ustedes)	pondr________	tendr________
(ellos / ellas)	pondrán	tendrán

c. Verbos con irregularidad especial:

	Hacer	Decir
(yo)	har________	dir________
(tú)	har________	dir________
(usted)	har________	dir________
(él / ella)	har________	dir________
(nosotros/as)	har________	dir________
(vosotros/as)	har________	dir________
(ustedes)	har________	dir________
(ellos / ellas)	har________	dir________

5 Completa el texto con los verbos entre paréntesis en futuro de indicativo.

En los próximos 50 años la tecnología ____________________ (cambiar) nuestras vidas

En 2046 se ____________________ (**haber**) consolidado la energía nuclear de fusión, en 2041 ____________________ (**existir**) una pequeña ciudad en la Luna, en 2036 ____________________ (**tener; nosotros**) el primer ascensor espacial, en 2031 los robots ____________________ (**ser**) más inteligentes que nosotros, en 2026 ____________________ (**haber**) combates de boxeo entre androides [...]. Son algunos de los escenarios elaborados por el equipo de prospectiva tecnológica de British Telecom, que prevé asimismo para 2051 comunicaciones telepáticas generalizadas y la transferencia de la información contenida en un cerebro humano a una máquina [...]

Caue Zunchini/Arquivo da editora

Las innovaciones tecnológicas que se avecinan en el horizonte de los próximos cincuenta años ____________________ (**modificar**) de tal manera nuestras vidas actuales que solo un cambio de mentalidad global ____________________ (**poder**) asimilarlas. [...]

MARTÍNEZ, Eduardo. En los próximos 50 años la tecnología cambiará nuestras vidas. *Tendencias 21*. Disponible en: https://tendencias21.levante-emv.com/en-los-proximos-50-anos-la-tecnologia-cambiara-nuestras-vidas_a706.html. Accedido el: 8 mayo 2021.

6 Observa las formas verbales destacadas y reescribe los enunciados utilizando el futuro.

a. Los científicos **van a desarrollar** nuevas tecnologías.

____

b. Mañana **voy a ver** un documental sobre la expedición en Marte.

____

c. Pasado mañana **vas a entregar** tu trabajo sobre los planetas.

____

d. Los astronautas **van a encontrar** vida en otros planetas.

____

e. Mis amigos y yo **vamos a participar** de un concurso de la NASA.

____

7 Conecta las frases y luego conjuga los verbos que se te dan en el futuro.

a. Dentro de algunos años, los científicos ______________ (**encontrar**)...

b. El próximo año, el astronauta ______________ (**llegar**)...

c. El mes que viene, mi padre ______________ (**empezar**)...

d. La próxima semana, los alumnos ______________ (**tener**)...

e. Mañana, yo ______________ (**ver**)...

f. En las vacaciones, mis amigos y yo ______________ (**visitar**)...

( ) a la estación espacial internacional.

( ) a trabajar con investigación espacial.

( ) que participar de una observación nocturna.

( ) pruebas de que hubo vida en Marte.

( ) una película de ciencia ficción.

( ) la oficina de la NASA.

8 ¿Qué predicciones sobre el futuro de las investigaciones espaciales podemos hacer? Habla con tu compañero.

¿Vamos a producir?

El tutorial

El tutorial, comúnmente compartido entre usuarios de redes sociales, es un tipo de material en el que podemos encontrar una serie de instrucciones, que tienen el objetivo de enseñar cómo manejar determinado recurso o aparato para realizar una tarea específica.

Es un género que normalmente utiliza lenguaje verbal (instrucciones) y no verbal (imágenes) para facilitar la comprensión del texto. Está organizado en etapas, con instrucciones cortas, acompañadas de imágenes o pantallazos del recurso o del aparato. También lo puedes encontrar en forma de video, modalidad bastante difundida en Internet.

Mira un ejemplo de tutorial que enseña a utilizar una aplicación.

Banco de imagens/Arquivo da editora

Mapa Estelar

Postmodern Studio/Shutterstock

Mapa Estelar cuenta con la asombrosa cantidad de 5000 estrellas, de las cuales se puede consultar información detallada. La aplicación calcula en tiempo real, usando la brújula, el GPS, el acelerómetro y el giroscopio del dispositivo, la ubicación actual de todos los planetas y estrellas visibles. Sigue el tutorial para empezar a utilizarla.

1. Debes descargar la versión gratuita y ligera de la aplicación Mapa Estelar disponible para **iOS** y **Android**.

2. Enseguida, tienes que abrir la aplicación y habilitar la ubicación automática en el teléfono móvil o en la tableta. La aplicación utiliza el GPS para funcionar.

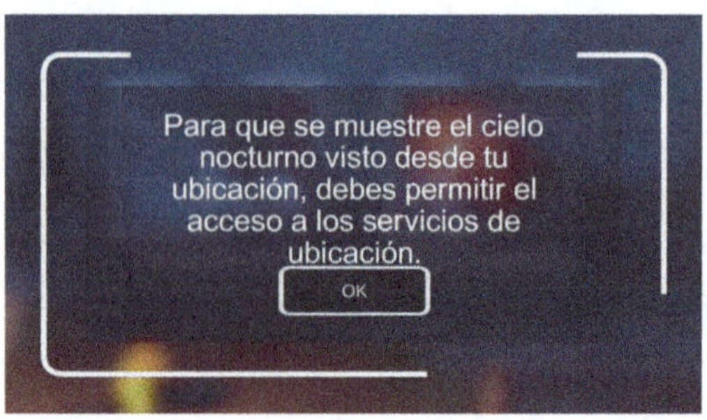

Reprodução/Mapa Estelar

3. Ahora tienes que enfocar el cielo y empezar a escanear las estrellas, constelaciones y planetas que te interese identificar.

4. Solo necesitas mover detenidamente el móvil o la tableta para ver cómo funciona. Pronto podrás ver algunos astros, como Virgo, Marte y el Sol.

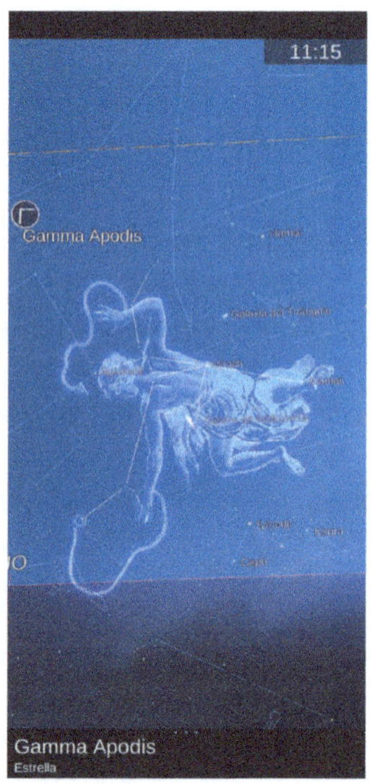

Reprodução/Mapa Estelar

Ahora, sigue las etapas para preparar un tutorial de un recurso para conocer más del Universo.

Preparación

1. Tus compañeros de clase van a utilizar una aplicación para aprender más sobre el Universo y necesitan saber cómo funciona. Antes de crear el tutorial de la aplicación, investiga algunas aplicaciones que tienen esa función y organízalas en el recuadro.

Recurso o aplicación	¿Para qué sirve?

2. Elige una de las aplicaciones de la lista como tema del tutorial.
3. Organiza los recursos lingüísticos que te pueden ser útiles en el tutorial y busca en un diccionario las palabras nuevas que necesites.

Producción

1. Investiga la manera de utilizar la aplicación elegida y prepara un tutorial con el paso a paso de cómo se puede utilizar el recurso.
2. Organiza las instrucciones en secuencia, desde la descarga hasta el uso del recurso. Utiliza enunciados cortos y objetivos.
3. Selecciona imágenes o pantallazos que complementen la comprensión del tutorial.

Revisión

1. Revisa las instrucciones y haz las correcciones que sean necesarias.
2. Sigue el tutorial que has creado y simula la descarga para certificarte de que funciona correctamente.

Versión final

1. Comparte tu tutorial con los compañeros y preséntales cómo funciona la aplicación elegida.
2. Pídeles a tus compañeros que disfruten de una observación del cielo y/o aprendan más sobre el Universo.

¡Entérate!

Los estudios espaciales

Son muchas las contribuciones de las investigaciones espaciales. Las imágenes capturadas desde el espacio pueden, por ejemplo, ayudar a encontrar soluciones para problemas relacionados con la agricultura. ¿Cómo crees que la exploración espacial puede ralentizar los problemas generados por la pandemia de covid-19? Lee el texto para enterarte de ese tema.

La aplicación de estudiantes colombianos que fue premiada por la NASA

1 feb. 2021 - 4:10 p. m.

Por: Redacción Vivir

Los colombianos ganaron el Space Apps COVID-19 Challenge, un concurso organizado por la agencia espacial norteamericana, al presentar una aplicación de agricultura que vincula a los agricultores familiares y los mercados locales con el fin de enfrentar el desabastecimiento de alimentos ocasionado por la pandemia.

Luego de quedar entre los finalistas del Space Apps COVID-19 Challenge, uno de los concursos más importantes y prestigiosos organizado por la NASA [...] la propuesta de seis colombianos fue galardonada por la agencia espacial norteamericana.

"En Colombia, las restricciones en la circulación y las preferencias sobre los alimentos no perecederos están impidiendo que el 90 % de las familias agrícolas vendan sus productos, provocando grandes pérdidas de alimento", le dijo a este diario hace unos meses Yoseline Ángel, ingeniera catastral de la Universidad Distrital, quien, junto con otros cinco colombianos, crearon el piloto de la aplicación Sosqua, palabra que en lengua muisca significa "comida", con la que buscaban apoyar a los agricultores del país.

[...]

LA APLICACIÓN de estudiantes colombianos que fue premiada por la NASA. *El Espectador*. Disponible en: www.elespectador.com/educacion/la-aplicacion-de-estudiantes-colombianos-que-fue-premiada-por-la-nasa-article/. Accedido el: 5 mayo 2021.

---

1. Según el texto, ¿cuál es el objetivo del concurso Space Apps COVID-19 Challenge?

2. ¿Qué problema surgido en la crisis del covid-19 en Colombia se menciona en el reportaje? Descríbelo.

3. ¿Crees que los concursos como el de la NASA pueden inspirar a futuros científicos? ¿Por qué?

Sigue explorando

El calendario astronómico

Cada año, algunos fenómenos astronómicos, como la lluvia de estrellas, la superluna y los eclipses, tienen lugar en el cielo para recordarnos cada vez más que somos una pequeña parte del Universo. El calendario astronómico no solo nos permite saber cuándo esos eventos van a suceder, sino también desde dónde los podemos observar. Conoce dos fenómenos astronómicos previstos para el año 2022 y descubre los mejores puntos de observación en España y en Latinoamérica:

Eclipse del Sol

Amanda Carden/Shutterstock

El 30 de abril de 2022, el eclipse parcial del Sol se podrá observar a vista simple en el sureste del Pacífico y el sur de Sudamérica. La región de la Patagonia en Argentina favorecerá la observación de ese fenómeno.

Eclipse de la Luna

muratart/Shutterstock

El 16 de mayo de 2022, el eclipse total de la Luna se podrá ver a vista simple en zonas de Asia, Australia, Pacífico y América. Desde España se podrá acompañar el espectáculo celeste.

Ahora, investiga los eventos astronómicos previstos para este año y elige el que más te llama la atención para presentarlo en clase.

- Busca información en Internet.
- Selecciona imágenes, audios y/o videos del fenómeno elegido.
- Organiza tu investigación en una presentación para compartir con tus compañeros.

Para explorar más

- EL UNIVERSO de Clarita. Dirección: Tomás Lipgot. Argentina: Duermevela, 2021.
  En ese documental podrás acompañar a Clarita, una curiosa chica de 13 años, en un increíble viaje por Argentina para explorar a su gran pasión: la astronomía.
- FRESNEDA, Carlos. Los misterios del Sol como nunca se han visto. *El mundo*. Disponible en: www.elmundo.es/ciencia-y-salud/ciencia/2018/10/05/5bb788aa268e3eff258b45d0.html. Accedido el: 8 mayo 2021.
  En esa lectura conocerás un poco más acerca de la mayor estrella, el Sol.
- PLANETARIO de Madrid: visita virtual. *Carné joven*. Disponible en: https://carnejovenmadrid.com/ventajas/destacadas/planetario-br-visita-virtual. Accedido el: 8 mayo 2021.
  En ese sitio web puedes encontrar un enlace para accesar el Planetario de Madrid de forma virtual y descubrir un poco más sobre la astronomía.

UNIDAD 4

HOY NO ESTOY BIEN

- ¿Dónde está la escultura? ¿Qué personaje representa?
- ¿Qué intervención artística puedes identificar en la escultura? ¿Qué puede significar?
- En tu opinión, ¿las intervenciones artísticas pueden ayudarnos a reflexionar sobre los problemas de salud actuales? ¿Por qué?

Para tener buena salud es importante desarrollar buenos hábitos con respecto a nutrición, higiene, práctica deportiva y descanso. En ese sentido, el arte puede cumplir un papel importante de provocación y motivación de prácticas que nos ayuden a mantenernos sanos. ¿Vamos a saber cómo podemos hablar de la salud?

Escultura de Don Quijote con la mascarilla en Toledo, España.

Juan Garcia Hinojosa/Shutterstock

¿Cómo se dice?

1 Escucha el diálogo y verifica qué le pasa al adolescente.

Ilustrações: Caue Zunchini/Arquivo da editora

Caue Zunchini/Arquivo da editora

2 Marca falso (**F**) o verdadero (**V**) según el texto.

a. ◯ La madre lleva a Enrique al médico porque él tiene fiebre.

b. ◯ Enrique le dice al médico que le duele la garganta, la cabeza y que tiene fiebre.

c. ◯ El médico sospecha que Enrique tiene una gripe epidémica antes de examinarlo.

d. ◯ Enrique tiene tos y debe tomar unas inyecciones.

e. ◯ La madre le responde al médico que Enrique ha tomado todas las vacunas: contra el sarampión, la viruela, etc.

f. ◯ El médico le recomienda a Enrique que haga ejercicios físicos y que se alimente bien.

3 Contesta a las preguntas sobre el texto.

a. Según la madre de Enrique, ¿cuáles son los motivos para la enfermedad del chico?

____

____

____

____

____

b. ¿Crees que el médico está de acuerdo con la madre? ¿Por qué?

____

____

____

____

c. ¿Qué opinas sobre la actitud del chico? ¿Te identificas con él?

____

____

4 Ahora, habla de ti contestando a las preguntas.

a. ¿Has tenido alguna gripe o resfriado últimamente? ¿Cuándo?

____

b. ¿Vas al médico regularmente o solo cuando estás enfermo?

____

5 Charla con tus compañeros sobre la importancia de la alimentación y los ejercicios físicos para la salud.

Los síntomas y las enfermedades

1 Completa el folleto de salud con las palabras del recuadro.

dolor muscular sangrado sarpullido fiebre dolor de cabeza

Disponible en: https://bancos.salud.gob.ar/recurso/prevencion-del-dengue. Accedido el: 3 mayo 2021.

2 Relaciona el nombre de las enfermedades con sus características.

a. viruela	◯ Herida abierta o sin cicatrizar en el cuerpo de una persona o de un animal.
b. paperas	◯ Enfermedad que se manifiesta generalmente por la inflamación de las articulaciones de las extremidades.
c. asma	◯ Enfermedad contagiosa que se manifiesta por una multitud de manchas pequeñas y rojas y que va precedida y acompañada de lagrimeo, estornudos, tos, etc.
d. gripe	◯ Inflamación de las glándulas parótidas.
e. rubéola	◯ Inflamación del pulmón o de parte de él, causada generalmente por un microorganismo.
f. bronquitis	◯ Enfermedad infecciosa, contagiosa y epidémica producida por un virus, que se caracteriza por la aparición en la piel de pequeñas manchas rosadas parecidas a las del sarampión.
g. úlcera	◯ Enfermedad contagiosa, producida por un virus, que se caracteriza por fiebre elevada y la aparición de ampollas llenas de pus sobre la piel.
h. constipado	◯ Inflamación de la mucosa bronquial.
i. sarampión	◯ Enfermedad del sistema respiratorio caracterizada fundamentalmente por una respiración difícil y anhelosa, tos y sensación de ahogo.
j. reumatismo	◯ Inflamación de las membranas mucosas, con aumento de la secreción habitual.
k. jaqueca	◯ Enfermedad infecciosa aguda, producida por un virus y cuyos síntomas más frecuentes son la fiebre, el catarro y el malestar generalizado.
l. pulmonía	◯ Dolor intenso de la cabeza que solo afecta a un lado o a una parte de ella.

3 Relaciona los problemas de salud con las recomendaciones de tratamiento.

a. 

b. 

c. 

d. 

Ilustrações: Mauro Souza/ Arquivo da editora

( ) Yo en tu lugar tomaría una pastilla para el dolor.

( ) ¿Por qué no tomas un jarabe para la tos?

( ) Yo en tu lugar lavaría la nariz con suero.

( ) Deberías observar la fiebre e ir al médico.

4 En la sala de espera del consultorio médico hay cuatro adolescentes. Sigue las pistas, descubre la edad, color de los ojos, síntoma y enfermedad de cada uno y completa el recuadro a continuación.

Datos personales

Nombre: Roberta / Fernanda / Diego / Rodrigo

Edad: 15 / 16 / 17 / 18 años

Color de los ojos: verdes / castaños / azules / negros

Síntoma: fiebre / picor / dolor de garganta / tos

Enfermedad: gripe / sarampión / pulmonía / amigdalitis

Pistas

a. Rodrigo es el más joven de los cuatro. Él no tiene fiebre ni tos.

b. Diego es un año más viejo que Rodrigo y tiene los ojos negros.

c. Fernanda tiene pulmonía. Sus ojos son verdes.

d. Roberta no tiene gripe ni sarampión.

e. Rodrigo no tiene ojos azules.

f. La persona que tiene ojos azules es la más vieja de los cuatro.

g. La persona en estado febril tiene pulmonía.

h. Roberta no siente picor ni tos.

i. El chico de ojos castaños tiene sarampión.

Nombre	Edad	Color de los ojos	Síntoma	Enfermedad
Roberta				
Fernanda				pulmonía
Diego	16	negros		
Rodrigo	15			

¿Entiendes lo que oyes?

14 **1** Escucha el texto y completa los fragmentos según lo que has oído.

a. Es una ________ común en las ________ y la garganta causada por un ________. Es mucho más intensa que un resfriado y se caracteriza por ________, tos, ________, estornudos, fiebre y/o dolor en las ________.

b. El contagio suele producirse al ________ las pequeñas gotas provenientes de la ________ y los ________ de personas enfermas, o bien, al entrar en ________ con sus secreciones.

c. La gripe no es en sí misma una ________ peligrosa, pero descuidar su ________ puede generar complicaciones del aparato respiratorio, como ________ o ________.

Fuente de la información: GRIPES infantiles. *CuidadoInfantil.com*. Disponible en: https://cuidadoinfantil.com/gripes-infantiles.html. Accedido el: 4 mayo 2021.

2 Marca falso (**F**) o verdadero (**V**) aún de acuerdo con el texto.

a. ◯ Se deben tomar medidas preventivas cuando se tiene trato directo con una persona enferma de gripe.

b. ◯ En general, la gripe se manifiesta con trastornos en las vías respiratorias: nariz, faringe, laringe, tráquea y bronquios.

c. ◯ Conforme transcurren los días, los síntomas se acentúan poco a poco hasta llegar a la fase de resfriado.

d. ◯ En los casos de gripe, la falta de cuidados puede provocar serios problemas respiratorios.

3 Contesta a las preguntas oralmente.

a. ¿Cómo se puede prevenir la gripe?

b. ¿Cómo te cuidas cuando tienes una gripe?

c. ¿Qué otras actitudes pueden agravar los problemas respiratorios?

¿Qué sonido tiene y cómo se escribe?

Los heterotónicos

15 **1** Escucha y lee el texto observando las palabras en destaque.

CameraCraft/Shutterstock

Las plantas termoeléctricas liberan gases que contaminan el aire y provocan problemas respiratorios.

Cada vez que respiramos, además de **oxígeno** y **nitrógeno** gaseosos, nuestros pulmones inhalan otras sustancias y partículas procedentes de la contaminación del aire.

Los problemas respiratorios y cardiovasculares y la irritación pulmonar y ocular son **síntomas** típicos de la contaminación de la **atmósfera**.

Uno de los aspectos más preocupantes es el descubrimiento de que no hay **límites** seguros. Incluso si la exposición a estos contaminantes es a **nivel** bajo es perjudicial para la salud.

Fuente de la información: LAS IMPUREZAS del aire que respiramos. *Eroski Consumer*. Disponible en: https://revista.consumer.es/portada/las-impurezas-del-aire-que-respiramos.html. Accedido el: 2 mayo 2021.

2 Pasa al cuadro las palabras que has observado en el texto. A continuación, léelas en las dos lenguas.

Portugués	oxigênio	nitrogênio	sintomas	atmosfera	limites	nível
Español						

3 Ahora completa la afirmación.

Heterotónicos son palabras que se escriben igual o de forma similar en portugués y en español, pero que se pronuncian de manera ____________________.

4 Lee el diálogo y marca la sílaba tónica de las palabras destacadas.

Caue Zunchini/Arquivo da editora

Fernando Ayer, me sentí muy mal en el **metro** cuando iba al gimnasio. Me lloraban los ojos y me escurría la nariz.

Lucas Son **síntomas** de gripe.

Fernando Eso pensé yo. ¿Y sabes qué? Fui a la farmacia, me compré unas pastillas para la gripe y me tomé una.

Lucas ¿Te sentiste mejor?

Fernando ¡Qué va! Me entró un picor por todo el cuerpo. Tuve que correr a urgencias.

Lucas ¿Y qué te dijo el médico?

Fernando Que me había dado **alergia** la pastilla que me había tomado y que no debía automedicarme

Lucas ¿Y cómo te sientes?

Fernando Como un **imbécil** por haberme automedicado, pero ahora estoy mejor y he aprendido la lección.

5 ¿Quieres conocer otros heterotónicos? Lee las palabras en los dos idiomas de la tabla a seguir.

Portugués	Español	Portugués	Español
acade**mi**a	aca**de**mia	ma**gi**a	**ma**gia
álcool	alco**hol**	**mí**ope	mi**o**pe
al**guém**	**al**guien	ortope**di**a	orto**pe**dia
burocra**ci**a	buro**cra**cia	parali**si**a	pa**rá**lisis
cérebro	ce**re**bro	para**si**ta	pa**rá**sito
e**li**te	**é**lite	po**lí**cia	poli**cí**a
epide**mi**a	epi**de**mia	perife**ri**a	peri**fe**ria
eufo**ri**a	eu**fo**ria	sa**ram**po	saram**pión**
fo**bi**a	**fo**bia	tele**fo**ne	te**lé**fono
hemorra**gi**a	hemo**rra**gia	tera**pi**a	te**ra**pia

Los heterosemánticos o falsos amigos

1 Completa el relato con las palabras del recuadro.

cachorro **en cuanto** **sitio** **finca** **pelado** **mientras**
brincos **rato** **perro** **huerto** **cena**

La visita a los abuelos

El sábado pasado fui a la ______________ de mis abuelos. ______________ llegué me dirigí a la cocina, mi ______________ favorito de la casa, dónde mi abuelo, un hombre ______________ y bondadoso, cocinaba muchos vegetales. Él y mi abuela tienen una alimentación muy sana y variada, siempre consumen los vegetales orgánicos de su propio ______________. Creo que la buena salud de ellos se debe a eso y al aire puro de las montañas. Ese día prepararon una ______________ exquisita y pasamos un ______________ charlando, ______________ el ______________ de ______________ que recién adoptaron no paraba de dar ______________ alrededor de la mesa. Fue un fin de semana maravilloso.

Mauro Souza/Arquivo da editora

Texto elaborado especialmente para esta obra.

2 Ahora completa la afirmación.

Los **heterosemánticos**, o **falsos amigos**, son palabras que tienen una grafía ______________ en portugués y en español, pero con significados muy distintos.

3 Observa, a seguir, la tabla con algunos casos de falsos amigos.

Español	Portugués	Español	Portugués
firma	assinatura	asignatura	disciplina
clase	aula	aula	sala de aula
escena	cena	cena	jantar
pegamento	cola	cola	fila; cauda
vasos	copos	copos	flocos
carrera	corrida	corrida	tourada
sentido	direção	dirección	endereço
confusa	embaraçada	embarazada	grávida
raro	esquisito	exquisito	saboroso
cerrar	fechar	fechar	datar
empresa	firma	firma	assinatura

¿Vamos a leer?

1 ¿Cómo puedes mantenerte sano? Mira las imágenes y comenta con tu compañero qué medidas de higiene personal pueden ayudarnos a prevenir enfermedades.

a.

Morakod1977/Shutterstock

Lavar los alimentos antes del consumo.

b.

StrDr stock/Shutterstock

Lavarse las manos frecuentemente.

c.

LarsZ/Shutterstock

Ducharse regularmente.

2 ¿Cómo podemos protegernos de infecciones? Mira la lista y marca las medidas que nos ayudan a tener una vida sana.

◯ Verificar la fecha de caducidad de los alimentos.

◯ Consumir alimentos crudos sin lavarlos.

◯ Limpiarse las manos después del contacto con secreciones.

◯ Cambiar las sábanas regularmente.

◯ Utilizar basurero com pedal y tapa.

◯ Utilizar por muchas semanas la misma sábana.

◯ No lavarse los dientes después de comer.

◯ Descartar adecuadamente la basura y los desechos.

3 ¿Cómo crees que los gobiernos pueden promocionar la prevención de enfermedades?

____

____

____

____

4 ¿Te acuerdas de alguna campaña de salud? ¿Dónde la viste y de qué se trataba?

____

____

____

____

5 Lee el folleto de la campaña de salud y descubre por qué es importante lavarse las manos.

Disponible en: https://resistenciaantibioticos.es/es/system/files/content_images/ciudadania_cartel_lavadomanos_definitivo.pdf. Accedido el: 8 mayo 2021.

6 Lee una vez más el folleto y escribe **V** si la afirmación es verdadera o **F** si es falsa.

a. ◯ El lavado de manos ayuda a prevenir infecciones.

b. ◯ El folleto tiene los adolescentes como principal público objetivo.

c. ◯ Lavarse las manos ayuda a tratar de heridas y cortaduras.

d. ◯ Se recomienda no tocar en los animales para no contaminarse.

e. ◯ El folleto de la campaña es un material educativo.

7 Contesta a las preguntas.

a. Según la información del folleto, ¿por qué es importante lavarse las manos regularmente?

____

____

b. ¿A quiénes está destinado el folleto de la campaña?

____

____

c. Ese folleto forma parte de una campaña del Plan Nacional de Resistencia a los antibióticos. ¿Qué relación hay entre el objetivo de esa campaña y el uso de medicamentos?

____

____

____

____

____

8 ¿En el folleto se utiliza registro formal o informal? ¿Con qué objetivo?

◯ Registro formal porque se trata de un documento oficial.

◯ Registro informal para acercarse al público objetivo.

◯ Registro informal para recomendar las medidas de higiene a los mayores.

9 ¿Qué otras medidas de higiene crees que puedes incorporar a tu rutina?

____

____

Folleto es un material informativo, compuesto por imágenes y textos que forma parte de campañas publicitarias, como las campañas de salud. Este documento tiene como objetivo dar a conocer o promocionar medidas educativas importantes para toda la población.

¿Cómo funciona?

El condicional de indicativo (verbos regulares)

1 Lee el fragmento del artículo y observa el verbo destacado.

¿Qué estrategia usarías **para promover la salud en tu comunidad?**

Cada vez más, iniciativas innovadoras más allá de campañas publicitarias y otras estrategias tradicionales están tomando la posta para informar a la población sobre la prevención de las enfermedades no transmisibles. [...]

MALES, Patricia Jara. ¿Qué estrategia usarías para promover la salud en tu comunidad?. *Gente saludable*. 8 jul. 2019. Disponible en: https://blogs.iadb.org/salud/es/salud-comunitaria/. Accedido el: 9 mayo 2021.

¿Qué expresa la forma destacada en el titular del artículo?

◯ Un pedido de forma más educada. ◯ Una acción imaginada o simulada.

2 Observa los verbos destacados en el diálogo y completa el recuadro con formas del condicional de indicativo.

Bricolage/Shutterstock

Fíjate que el condicional de indicativo de los verbos regulares se forma con el infinitivo y las terminaciones: **-ía**, **-ías**, **-ía**, **-íamos**, **-íais**, **-ían**. Esas terminaciones se usan en las tres conjugaciones para todos los verbos regulares.

	Empezar	**Ser**	**Descubrir**
(yo)	empezar**ía**	ser______	descubr**iría**
(tú)	empezar______	ser**ías**	descubrir______
(usted)	empezar**ía**	ser______	descubrir______
(él / ella)	empezar______	ser______	descubr**iría**
(nosotros/as)	empezar**íamos**	ser______	descubrir______
(vosotros/as)	empezar**íais**	ser**íais**	descubrir______
(ustedes)	empezar______	ser______	descubrir**ían**
(ellos / ellas)	empezar**ían**	ser______	descubrir______

3 Relaciona el uso del condicional con estos ejemplos.

a. Para formular hipótesis.

b. Para hablar del futuro con respecto a un momento pasado.

c. Para hablar de hechos irreales.

d. Para suavizar ciertas afirmaciones.

e. En enunciados, para no parecer demasiado enérgico.

f. Para dar consejos.

g. Para indicar posibilidad o probabilidad vista desde un pasado

( ) Serían las diez, cuando José se sintió mal.

( ) Profe, mañana no vengo. Es que necesitaría salir con mi madre.

( ) Diría que lo que tienes es un mal pasajero.

( ) Deberías estudiar un poco más, ¿no crees?

( ) Me imagino que él no vino porque estaría enfermo.

( ) Yo que tú no comería tanto antes de dormir.

( ) Me contó que iría al médico para hacerse análisis.

4 Descubre en la historieta verbos que están en el condicional y explica su uso.

QUINO. *Toda Mafalda*. Buenos Aires: Ediciones de la Flor, 2000.

5 Piensa sobre los usos del condicional y circula las situaciones en las que se puede utilizarlo.

órdenes **pedidos** **acontecimientos pasados** **cortesía**
situaciones hipotéticas **rutina** **deseos** **hechos futuros**

6 Ahora, completa la definición del condicional.

El **condicional** es un tiempo verbal que se utiliza para expresar situaciones ________________, ________________, ________________, ________________ o hablar de forma cortés.

7 Utiliza el condicional de los verbos indicados y rellena los huecos.

a. Si nos hubiéramos protegido, no ____________ (**estar**) enfermos.

b. ¿Adónde ____________ (**ir**) si pudieras elegir?

c. Si bebierais más agua, os ____________ (**sentir**) mejor.

d. Creo que ____________ (**vivir**) mejor en el campo.

e. Mi hermano me dijo que ____________ (**llegar**) a las seis de la tarde.

8 Completa el texto con el condicional de indicativo de los verbos entre paréntesis.

Si pudiera, mañana me ____________ (**despertar**) a las ocho e ____________ (**ir**) al centro de la ciudad. ____________ (**pasar**) por la librería y me ____________ (**comprar**) dos libros. Después, ____________ (**coger**) el metro e____________ (**ir**) a la casa de Luis. Por la tarde ____________ (**ir**) juntos al cine. A la salida del cine ____________ (**comer**) en un restaurante y Luis me ____________ (**acompañar**) a casa. ____________ (**ser**) un día estupendo.

El condicional de indicativo (verbos irregulares)

1 Ahora, observa algunas irregularidades y completa las tablas.

a. verbos que omiten la **e** del infinitivo (saber ⟶ sabría).

	Saber	**Poder**	**Caber**
(yo)	sabr**ía**	podr______	cabr**ía**
(tú)	sabr______	podr**ías**	cabr______
(usted)	sabr**ía**	podr______	cabr______
(él / ella)	sabr______	podr______	cabr**ía**
(nosotros/as)	sabr**íamos**	podr______	cabr______
(vosotros/as)	sabr**íais**	podr**íais**	cabr______
(ustedes)	sabr______	podr______	cabr**ían**
(ellos / ellas)	sabr**ían**	podr______	cabr______

b. verbos que cambian la **e** o la **i** del infinitivo por una **d** (poner ⟶ pondría).

	Poner	Tener	Venir
(yo)	pondr**ía**	tendr______	vendr**ía**
(tú)	pondr______	tendr**ías**	vendr______
(usted)	pondr**ía**	tendr______	vendr______
(él / ella)	pondr______	tendr______	vendr**ía**
(nosotros/as)	pondr**íamos**	tendr______	vendr______
(vosotros/as)	pondr**íais**	tendr**íais**	vendr______
(ustedes)	pondr______	tendr______	vendr**ían**
(ellos / ellas)	pondr**ían**	tendr______	vendr______

c. verbos con irregularidad especial.

	Hacer	Decir
(yo)	har**ía**	dir______
(tú)	har______	dir**ías**
(usted)	har**ía**	dir______
(él / ella)	har______	dir______
(nosotros/as)	har**íamos**	dir______
(vosotros/as)	har**íais**	dir**íais**
(ustedes)	har______	dir______
(ellos / ellas)	har**ían**	dir______

2 Completa las frases a continuación con los verbos del recuadro en el condicional.

poner	**tener**	**hacer**	**poder**	**venir**	**decir**

a. Para mejorar tu estado de salud, yo que tú ____________ más actividades físicas.

b. Si los niños pudieran, ____________ más veces a visitarte al hospital.

c. Yo ______________ que la meditación está buenísima para la salud mental.

d. Mamá, ¿______________ explicarme una vez más los síntomas del Dengue?

e. Yo en tu lugar me ______________ el termómetro para verificar la fiebre.

f. El gobierno ______________ que promocionar más campañas de salud.

3 ¿Qué harías? Contesta a la pregunta utilizando el condicional.

a. Si fueras un activista ambiental.

____

____

____

b. Si fueras el presidente de tu país.

____

____

____

c. Si encontraras a un niño perdido en la calle.

____

____

____

d. Si encontraras a un anciano en dificultad para cruzar la calle.

____

____

____

4 ¿Qué le dirías a tu amigo en estas situaciones? Completa las recomendaciones.

a. —Siempre me siento muy cansada. No sé qué hacer.

—Yo en tu lugar ______________________________

b. —A mí me duele mucho la cabeza. ¿Qué harías en mi lugar?

—En tu lugar yo ______________________________

c. —¿Qué debería hacer para mejorar mi salud?

—Si estuviera en tu lugar ______________________________

¿Vamos a producir?

Afiche de campaña

El afiche es bastante común como material complementario de campañas publicitarias, especialmente las de salud. Tiene el objetivo de llamar la atención del público de forma clara y directa, apoyándose en recursos visuales, además de motivar al público objetivo a participar de la campaña.

Es un género que utiliza lenguaje verbal y no verbal, en el que la imagen cumple un papel extremadamente importante para la comprensión del mensaje. El afiche tiene tres características importantes: una imagen o fotografía, un *slogan*, es decir, es una frase corta y de fácil memorización, y datos o informaciones de la campaña.

Lee este afiche y observa la relación entre el lenguaje verbal y no verbal para efectivar la comprensión.

AVIFES. Disponible en: https://avifes.org/cuida-tu-coco-zaindu-zure-kokoa-dia-mundial-de-la-salud-mental-2018/. Accedido el: 9 mayo 2021.

Ahora, sigue las etapas para preparar un afiche para una campaña de salud.

Preparación

1. Vas a preparar un afiche para promocionar una campaña. Selecciona los problemas de salud y hábitos perjudiciales más comunes en tu comunidad escolar y organiza las ideas teniendo en cuenta las categorías del recuadro.

Problemas de salud	Síntomas	Formas de prevención

2. Verifica si la información seleccionada es importante para la comprensión del problema de salud y sus formas de prevención.

Producción

1. Elige uno de los problemas de salud y prepara un afiche para concienciar a tu comunidad educativa.
2. Define a quién está destinada la campaña y selecciona una fotografía o una imagen para componer el afiche.
3. Crea un *slogan* corto y objetivo, de fácil memorización.
4. Escribe una breve introducción sobre el problema de salud de la campaña.

Revisión

1. Revisa el texto del afiche y haz las correcciones necesarias.
2. Verifica si el conjunto imagen, *slogan* y el texto introductorio son suficientes para llamar la atención de la comunidad escolar.

Versión final

1. Comparte tu afiche con los compañeros de clase:
   - Explícales la importancia de la campaña de salud.
   - Preséntales el afiche producido.
2. Divulga el afiche a la comunidad escolar.

¡Entérate!

La salud mental de los adolescentes

Algunas medidas de prevención a la salud, sobre todo las que restringen el convivio social y el contacto entre los adolescentes, pueden generar sentimientos, como ansiedad, angustia, o incluso, decepción. ¿Cómo crees que la pandemia ha afectado a la salud mental de los adolescentes? Lee el texto para enterarte de ese tema.

Los olvidados de la pandemia: adolescentes y salud mental

ABRIL 30, 2021

Por: Gina Chapa Kollofon

En el contexto de las escuelas cerradas se ha dicho mucho sobre cómo están resistiendo los niños esta pandemia. Sin embargo, los adolescentes podrían estar siendo igual o más afectados por el aislamiento.

Una de las preocupaciones más presentes en la discusión pública actual son las consecuencias de la pandemia y las medidas de aislamiento social en la salud mental. Más recientemente se ha volteado a ver a los niños y adolescentes que han visto limitada su socialización, entre otras cosas, por no poder ir a la escuela en más de un año. [...]

peampath2812/Shutterstock

Joven sufre con el aislamiento social.

Es frecuente que nos preocupemos sobre todo por las consecuencias que enfrentarán los niños más pequeños, ya que tendemos a considerarlos más vulnerables a pesar de que suelen ser sumamente resilientes. Por su parte, consideramos que los adolescentes cuentan con más recursos y herramientas para sobrellevar situaciones estresantes; los consideramos de alguna manera "adultos pequeños" y esto es un error. [...] Y es que muchos de los conflictos que se presentan en esa etapa entre ellos requieren que recordemos que la adolescencia es una etapa particular.

[...]

KOLOFFON, Gina Chapa. Los olvidados de la pandemia: adolescentes y salud mental, *Nexos*, 30 abr. 2021. Disponible en: https://discapacidades.nexos.com.mx/los-olvidados-de-la-pandemia-adolescentes-y-salud-mental/. Accedido el: 8 mayo 2021.

1 Según el texto, ¿qué situaciones están enfrentando los adolescentes por las medidas de aislamiento social?

2 ¿Por qué se dice que los adolescentes son olvidados durante la pandemia? ¿Estás de acuerdo con eso?

3 ¿Cómo crees que los adolescentes pueden mantener la salud mental durante el aislamiento social?

Sigue explorando

El cine sobre ruedas

Populares en los años 50, los autocines han vuelto a la escena, como una actividad segura, capaz de devolverles a los amantes del cine y de la música una experiencia inolvidable en tiempos de aislamiento social. Conoce dos importantes autocines, uno en Uruguay y el otro en España:

AeroLife Autocine (Uruguay)

Pablo Porciuncula/AFP

El estacionamiento del Aeropuerto Internacional de Carrasco, en Uruguay, se transformó en un autocine, donde se realizan sesiones de cine y espectáculos.

Autocine Madrid Race (Madrid, España)

Mariano Regidor/WireImage/Getty Images

El Autocine Madrid Race está considerado uno de los más interesantes espacios de ocio de la capital española. Siguiendo los protocolos de seguridad, el espacio ofrece la proyección de películas y conciertos en vivo.

Ahora, investiga otros autocines de España y Latinoamérica y elige el que más te llama la atención para presentarlo en clase:

- Busca información en Internet.
- Selecciona imágenes, audios y/o videos del fenómeno elegido.
- Organiza tu investigación en una presentación para compartir con tus compañeros.

Para explorar más

- *El País*: salud. Disponible en: https://elpais.com/noticias/salud/. Accedido el: 9 mayo 2021.

  En la sección salud del periódico *El País* puedes quedarte informado sobre las novedades relacionadas a esa temática.
- Somos documentales. *RTVE*. Disponible en: www.rtve.es/television/documentales/salud/. Accedido el: 9 mayo 2021.

  En este sitio encuentras un recogido de documentales sobre salud con los cuales puedes aprender más sobre el tema.
- *Ver-taal*: El cuerpo y la salud. Disponible en: www.ver-taal.com/voc_cuerpo.htm. Accedido el: 9 mayo 2021.

  En ese sitio se presentan algunas actividades interactivas de ampliación de vocabulario.

UNIDAD 5

LA TELEVISIÓN

- ¿Qué tipo de programa de televisión está representado en la fotografía?
- ¿Qué programas similares conoces? ¿Qué tipo de información transmiten?
- En tu opinión, ¿la televisión es un medio seguro para enterarse de las noticias? ¿Por qué?

La televisión está tan incorporada a la vida familiar que se ha convertido en uno de los elementos indispensables del día a día. Quedarse un rato, o muchos, delante de la pantalla puede ser una forma de entretenerse y, a la vez, permite estar al tanto de lo que ocurre en el mundo. ¿Te animas a conocer un poco más de la televisión en España e Hispanoamérica?

Periodista presenta las noticias del día en un telediario de Perú.

Guadalupe Pardo/Reuters/Fotoarena

¿Cómo se dice?

16 **1** Escucha y lee el diálogo que sigue.

Encuesta sobre televisión

Encuestador ¡Buenas tardes! Estamos haciendo una encuesta sobre televisión, ¿quieres participar?

Joven Bueno, si no va a tardar mucho…

Encuestador ¡No, no, es bastante rápido! Solo tienes que responder a unas pocas preguntas. ¿Cuántas personas viven en tu casa y quiénes son?

Joven En mi casa somos ocho: mi padre, mi madre, mi abuela, cuatro hermanos y yo.

Encuestador ¿Y a todos les gusta la televisión?

Joven Sí, sí, por supuesto, pero a cada uno le gusta un tipo de programa.

Encuestador A ver, entonces, ¿qué les gusta?

Joven Mi padre prefiere los deportes, el noticiario y concursos. A mi madre le encantan los programas de entrevistas, magazines y los debates políticos; y a mi abuela, la telenovela.

Encuestador Y a tus hermanos, ¿qué les gusta ver?

Joven Los dos menores ven los dibujos y programas infantiles. Los dos mayores prefieren las películas de terror y de aventuras y también conciertos de *rock*.

Encuestador ¿Y a ti no te gusta nada?

Joven Bueno, a mí me chiflan la vida de los famosos y los conciertos.

Encuestador ¡Qué interesante! Tu familia consigue reunir todos los tipos de programa. ¿Y a quién le gusta más la televisión?

Joven A mi abuela. Mis hermanos mayores y yo preferimos navegar por Internet a ver televisión.

Encuestador Bueno, eso es todo. ¡Muchas gracias!

Joven ¡Vale!

Ahora, relaciona las imágenes con los personajes según sus gustos personales.

a. 
EFECREATA/Shutterstock

b. 
Everett Collection/Fotoarena/Paramount

c. 
Lucas Jackson/Reuters/Fotoarena

d. 
Arash Ghabussi/Shutterstock

e. 
Miguel Zagran/Shutterstock

f. 
Paul Drinkwater/Everett Collection/Fotoarena/NBC

◯ Los hermanos mayores.

◯ La madre.

◯ La abuela.

◯ El joven.

◯ El padre.

◯ Los hermanos menores.

2 De acuerdo con las informaciones del diálogo, señala verdadero (**V**) o falso (**F**).

a. ◯ La encuesta es sobre los hábitos del joven y su familia en relación con la tele.

b. ◯ El encuestador necesita mucho tiempo para hacer todas las preguntas.

c. ◯ En la familia del joven hay ocho personas.

d. ◯ La tele le gusta más al padre del joven que a todos los otros miembros de la familia.

e. ◯ El joven y sus hermanos menores prefieren el ordenador a la tele.

La televisión

1 Relaciona los términos que se refieren al mundo de las comunicaciones con su significado.

a. Mando a distancia
b. Dibujo animado
c. Documental
d. En directo
e. Micrófono
f. Subtítulos
g. Pantalla
h. Telenovela

◯ Programa filmado y transmitido por capítulos.
◯ Escritos que aparecen en la pantalla simultáneamente a la proyección.
◯ Aparato utilizado para amplificar la voz.
◯ Dispositivo que controla a distancia el funcionamiento de un aparato.
◯ Telón a través del cual se visualizan datos o imágenes.
◯ Película cinematográfica de animación.
◯ Emisión televisiva o radiofónica sin grabación previa.
◯ Película que trata de hechos reales con fin informativo o pedagógico.

2 ¿Qué tipo de programa podemos elegir? Completa las descripciones.

concurso **debates** **deportivas** **entrevistas** **ficción** **infantiles** **informativos** **informativos especiales** **musicales** **telediarios**

- **Los** ____________: informan sobre los hechos más importantes de la actualidad. Algunas veces esta información es inmediata y nos cuenta el hecho en el mismo momento en que se está produciendo y con imágenes en directo; otras veces, las grabaciones se hacen un poco antes de su emisión.
- **Los** ____________: ofrecen reportajes y documentales sobre temas de la actualidad.
- **Los** ____________: se refieren a sucesos importantes de la actualidad.
- **Los** ____________, **tertulias** o **mesas redondas**: se hacen sobre temas de la actualidad, especialmente política.
- **Las** ____________: se incluyen dentro de cualquiera de los programas informativos.
- **Las retransmisiones** ____________: generalmente se hacen en directo.
- **Los espacios dramáticos** o **de** ____________: pueden adoptar varias formas, como telenovelas, series, obra teatral única, telefilmes, filmes cinematográficos, etc.

- **Los programas-**____________________: en ellos los concursantes se someten a pruebas para conseguir un premio.
- **Los programas** ____________________: retransmisiones de conciertos y recitales, de ópera y danza, conciertos de música moderna, videoclips, etc.
- **Los** ____________________: son programas dirigidos a los niños que presentan dibujos animados, juegos, etc.

3 Completa la parrilla televisiva con los temas de la nueva programación del canal.

Día	Horario	Programa	Temas
Cada **LUN**	18h a las 22h	__________	Flamenco *Jazz* Experimental
Cada **MAR**	18h a las 22h	__________	Artes visuales Teatro Arquitectura
Cada **MIE**	18h a las 22h	__________	Estrenos Cortometrajes Cine independiente
Cada **JUE**	18h a las 22h	__________	Campeonatos Liga de fútbol Baloncesto
Cada **VIE**	18h a las 22h	__________	Resumen Telediarios Noticieros
Cada **SÁB DOM**	18h a las 22h	Lo mejor de la programación	

4 Mira las palabras del recuadro e identifica a los profesionales que trabajan en la televisión.

cantante	productor	actriz	camarógrafo	reportero	presentadora

a. 
Alexander Kirch/Shutterstock

____

b. 
Pressmaster/Shutterstock

____

c. 
Oleg Nikishin/Shutterstock

____

d. 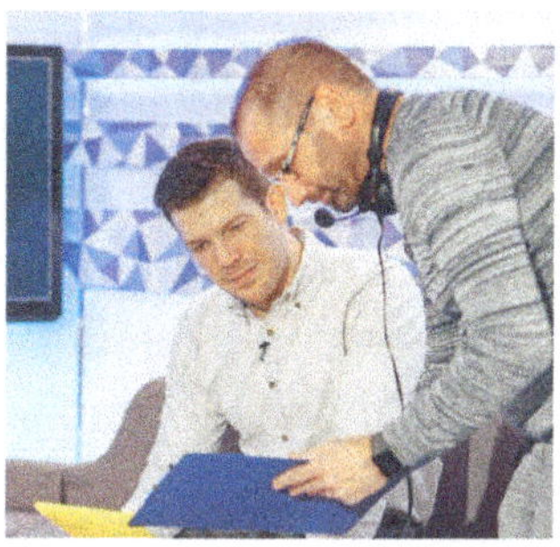
DGLimages/Shutterstock

____

e. 
Andrey Burmakin/Shutterstock

____

f. 
sirtravelalot/Shutterstock

____

5 ¿Te gustaría trabajar en la televisión? ¿Qué profesión te parece más interesante? ¿Por qué?

____

____

____

6 Lee el afiche y la definición de **telebasura**. Enseguida, discute con tus compañeros los programas televisivos que tienen ese tipo de contenido.

Reprodução/Coleção particular

Según el *Diccionario de la Real Academia Española*, **telebasura** es un conjunto de programas televisivos de muy baja calidad.

GARRIDO, Bellen. Telebasura a la basura. *Blog de mis cosas*, 16 jul. 2008. Disponible en: http://blogdemiscosas.blogspot.com/2008/07/telebasura-la-basura.html. Accedido el: 9 mayo 2021.

¿Entiendes lo que oyes?

1 ¿Cómo ha cambiado la televisión a lo largo de los años? Comenta con tus compañeros.

17 **2** Escucha el artículo y completa el texto con las palabras que faltan.

¿Cuál es el futuro de la televisión en una era digital?

¿Cuál fue el medio de ______________________ que usaste para ver la última noticia del momento? Es muy probable que te hayas informado por Internet [...] u otros medios digitales, siendo la ______________________ la última opción para ver una noticia. [...].

[...]

En cuanto a la televisión el desafío es similar. Hoy son cada vez menos las personas que ven televisión ______________________, porque prefieren la televisión por ______________________, otros canales de comunicación o entretención por Internet. Pero a pesar de que 9 de 10 familias en Chile tienen acceso a Internet, este resulta ser débil y de mala calidad en ciertos sectores, por lo tanto no todos tienen el mismo acceso a ______________________ digitales para informarse o entretenerse, y es ahí donde la televisión tradicional juega un rol importante.

[...]

El ______________________ para los profesionales en comunicación audiovisual, específicamente aquellos que se desenvuelven en televisión, es ser conscientes de la realidad en la que están inmersos. [...]

[...]

Entonces, ¿cuál es el futuro de la televisión en una era ______________________? No se puede ser tajante y decir que va a desaparecer, más bien, va a transformarse y adaptarse a las nuevas condiciones digitales. Seguramente en el futuro surgirán más y nuevos desafíos, pero siempre se debe apuntar a ofrecer lo mejor para el ______________________, esto es: contenido de calidad, con base investigativa sólida, entretenida y considerando que es uno de los canales de comunicación más ______________________ a todas las personas.

¿CUÁL es el futuro de la televisión en una era digital?. *Universidad UNIACC*, 23 nov. 2020. Disponible en: https://blog.uniacc.cl/cual-es-el-futuro-de-la-television-en-una-era-digital. Accedido el: 11 mayo 2021.

3 Contesta a las preguntas según el texto.

a. ¿Qué medios de comunicación están reemplazando la televisión en el acceso a las noticias?

____

b. ¿El acceso a Internet en Chile garantiza a todas las personas el acceso a la televisión digital? ¿Por qué?

c. ¿Qué deben hacer los profesionales que desenvuelven los programas de televisión para ofrecer lo mejor al público?

d. ¿Qué contenidos televisivos sueles consumir? ¿Cómo prefieres accederlos? Justifica tu respuesta.

4 Y tú, ¿qué piensas de la televisión? Discute oralmente con tu compañero(a) las preguntas a continuación.

a. ¿Crees que mucha gente tendrá acceso a la televisión digital en la casa y en los dispositivos móviles?

b. ¿Sueles utilizar las plataformas digitales para acceder a contenidos televisivos? ¿Qué opinas de ellas?

c. ¿Crees que se puede encontrar contenidos de calidad en la televisión? ¿Cómo los buscas?

¿Cómo se escribe?

Porqué, porque, por qué o por que

18 **1** Escucha el diálogo y observa las palabras en destaque.

Carmen	¿**Por qué** has comprado este mando?
Luis	**Porque** con este nos libramos de todos los otros mandos.
Carmen	No sé **por qué** gastas dinero con tonterías.
Luis	Mira, incluye un folleto con las instrucciones…
Carmen	Esas instrucciones no son nada claras. No sé la razón **por que** te gusta leer todas las instrucciones de un folleto.
Luis	Bueno, bueno, déjame leer, después te respondo todos los **porqués**.

2 Ahora, retira del texto ejemplos para cada ítem.

a. **Por qué**: se usa en una frase interrogativa directa o interrogativa indirecta.

____

____

____

b. **Por que**: se usa cuando corresponde a **por el cual**, **por los cuales**, **por la cual**, **por las cuales**.

____

____

____

c. **Porque**: se usa para respuestas.

____

____

____

d. **Porqué(s)**: funciona como sustantivo y equivale a **motivo** o **razón**.

____

____

____

3 Utiliza **porqué(s)**, **porque**, **por qué** o **por que**.

a. ¿______________ has cambiado de canal, Guille?

b. Quiero saber ______________ no te gustan las telenovelas.

c. Esta es una noticia ______________ todos deberían preocuparse.

d. Se averiguará, alguna vez, el ______________ del ese trágico accidente.

e. Marina tiene sus ______________ para preferir las plataformas de *streaming*.

f. No sé ______________ todavía no están transmitiendo la final de la Eurocopa.

g. No me gusta ese programa ______________ empieza muy tarde.

h. ¿______________ no has leído la sinopsis de esa peli antes de verla?

i. Siempre que ves a ese actor, te ríes ¿______________?

j. Me gusta ver la tele por el móvil ______________ me parece más práctico.

4 Completa el diálogo con **por qué**, **por que**, **porque** o **porqué(s)**.

Caue Zunchini/Arquivo da editora

¿Vamos a leer?

1 ¿Qué te gusta ver en la televisión? Mira las fotografías y comenta tus preferencias con tus compañeros.

Reprodução/Disney Channel

Violetta: telenovela juvenil argentina.

Manolo Pavon/Everett Collection/Fotoarena/Netflix

Los favoritos de Midas: serie española inspirada en la historia del rey Midas.

Everett Collection/Fotoarena/
Walt Disney Studios Motion Pictures

Coco: película sobre el día de los muertos en México.

2 ¿Cómo eliges las historias que vas a ver en la tele? Marca las características que te parecen importantes.

- ◯ El número de episodios o capítulos.
- ◯ La duración de la historia.
- ◯ El género o la temática.
- ◯ Los actores y las actrices.
- ◯ El país o el idioma.
- ◯ La opinión de los críticos.
- ◯ El número de temporadas.
- ◯ La evaluación de los espectadores.
- ◯ El director y los premios.
- ◯ El precio (gratis o no).

3 ¿Crees que las sinopsis de series, películas o telenovelas pueden motivarte a verlas? ¿Por qué?

____

____

____

____

4 ¿Conoces la telenovela mexicana *¿Qué le pasa a mi familia?* Lee la sinopsis y luego decide si te interesa verla.

Sinopsis ¿Qué le pasa a mi familia?

Una familia debe ser un gran equipo, donde todos cooperan para alcanzar sueños en conjunto. Un integrante se preocupa por los problemas del otro y juntos se ayudan para alcanzar la felicidad.

Esta es la historia de la familia Rueda que se enfrentará a fuertes pruebas del destino para comprobar que el amor es la única respuesta, que el amor lo trasciende todo. Los Rueda comprobarán que deben ser una familia unida, afectiva y que solamente podrán ser plenos si se mantienen vinculados y solidarios, porque así como su apellido: ¡la vida misma rueda y nos da importantes lecciones!

Y el pilar de esta familia es una mamá admirable: Doña Luz, una mujer llena de valores y virtudes que ama incondicionalmente a sus tres hijos: Regina, Mariano y Lalo, los cuales reafirmarán que lo más valioso que un ser humano tiene en la vida, ¡es a su madre!

¿Cuántas veces hemos dado por sentado la existencia de nuestra mamá o nuestro papá? ¿Cuántas veces hemos creído que somos más fuertes solos? ¿Y cuándo hemos comprobado que, para poder ser felices, necesitamos ayuda?

Doña Luz no descansará hasta lograr que su familia tenga lazos sólidos e inquebrantables.

Reprodução/Las Estrellas

SINOPSIS: ¿Qué le pasa a mi familia?. *Las estrellas*. Disponible en: www.lasestrellas.tv/telenovelas/que-le-pasa-a-mi-familia/creditos. Accedido el: 8 mayo 2021.

5 Vuelve a leer la sinopsis y señala si las afirmaciones son verdaderas (**V**) o falsas (**F**).

a. ◯ En esa familia cada miembro va a luchar individualmente por sus sueños.

b. ◯ Los Rueda tendrán muchos desafíos, pero el amor les ayudará a superarlos.

c. ◯ La familia comprobará que no es posible seguir unidos y solidarios.

d. ◯ La base de unión de esa familia son los tres hijos: Regina, Mariano y Lalo.

e. ◯ Los hijos de Doña Luz van a reforzar cómo su mamá es importante.

f. ◯ Doña Luz luchará hasta conseguir que su familia se mantenga inseparable.

6 Contesta a las preguntas.

a. ¿Quiénes son los protagonistas de la telenovela?

____

____

b. ¿Cuál es el principal argumento de la telenovela?

____

____

c. ¿Crees que para ser felices necesitamos ayuda? ¿Quiénes pueden ser los Rueda de nuestra vida?

____

____

____

____

7 ¿Qué significa la expresión destacada en el fragmento de la sinopsis?

¿Cuántas veces **hemos dado por sentado** la existencia de nuestra mamá o nuestro papá?

◯ Hemos juzgado.

◯ Hemos desistido.

◯ Hemos comprendido.

Sinopsis es un texto expositivo que presenta al lector de manera sucinta los principales argumentos de algún producto cultural, obra televisiva, cinematográfica, literaria, etc. El autor de la obra expone de manera objetiva, es decir, sin juicio de valor o comentarios personales, la esencia del enredo.

¿Cómo funciona?

El artículo neutro **lo**

1 Lee el texto y observa la palabra destacada.

Podemos afirmar que la televisión no solo se ve, sino también se comenta, especialmente en Internet. Cerca de 50% de la población española que consume televisión suele comentar en sus redes sociales **lo** que están viendo en la tele, mencionando o etiquetando el perfil oficial del programa. Esa práctica permite a las emisoras dimensionar su impacto en el público y saber **lo** que más agrada a los telespectadores.

Fuente de la información: MORENO, Manuel. La mitad de los espectadores ya interactúa con las redes sociales al ver la televisión. *TreceBits*: redes sociales y tecnología, 23 ene. 2018. Disponible en: www.trecebits.com/2018/01/23/la-mitad-los-espectadores-ya-interactua-las-redes-sociales-al-ver-la-tv/. Accedido el: 19 mayo 2021.

a. La palabra destacada puede ser sustituida por:

◯ estas. ◯ aquello. ◯ esos.

b. Completa la definición:

El **artículo neutro** ________ se puede utilizar antes del relativo ________ para referirse a algo abstracto, como una idea, por ejemplo. Además, se puede utilizar antes de adjetivos y adverbios para sustantivarlos.

2 Lee el diálogo, observa las palabras destacadas y completa el cuadro.

Roberto ¿Qué ves?

Julio **El** Gran Hermano.

Roberto Eso es **lo** que menos me gusta en **la** tele.

Julio Calla, calla. Ahora van a decidir quién se queda en **la** casa.

Roberto Siempre pasa **lo** mismo.

Julio **Lo** bueno es que tú también puedes participar.

Roberto A mí no me gusta. Prefiero **las** películas de terror y **los** telediarios.

	Artículos determinantes		
	Singular	**Plural**	**Invariable**
Masculino			
Femenino			
Neutro			

3 Completa la explicación y observa el uso del artículo neutro.

El ______________ determinante **lo** es un artículo ______________ y nunca acompaña el ______________, pero puede acompañar otras palabras. Fíjate:

- **lo + adjetivo** (puede ser sustituido por **la(s) cosa(s)**): **Lo** bueno es que tú también puedes participar.
- **lo + adjetivo + que** (indica intensidad y equivale a **¡cómo!**): Todos comentan **lo** divertida que estaba la fiesta.
- **lo + adverbio + que** (indica intensidad y equivale a **¡cómo!**): Me encanta **lo** bien que habla ese locutor.
- **lo + de** (se refiere a una cosa de manera vaga): **Lo** de los famosos está en la primera página.
- **lo + posesivo** (se refiere de manera vaga a algo que pertenece a alguien): **Lo** mío es cantar.
- **lo + que** (puede ser sustituido por **aquello que**): **Lo** que no se comienza nunca se acaba.

Delante de verbos en infinitivo se usa **el**: *El saber no ocupa lugar.*
(*El hecho de saber no ocupa lugar.*)

4 Utiliza correctamente los artículos **el**, **la** y **lo** en los refranes a continuación.

a.

Haz ________ que bien digo y no ________ que mal hago.

b.

________ que es bueno para ________ hígado es malo para ________ bazo.

Ilustrações: Caue Zunchini/Arquivo da editora

c.

No hay mejor espejo que ________ amigo viejo.

d.

________ hacer bien nunca se pierde.

e.

f.

Ilustrações: Caue Zunchini/Arquivo da editora

e. ________ mejor maestro es ________ tiempo y ________ mejor maestra, ________ experiencia.

f. ________ libertad no tiene precio.

5 Completa el texto con los artículos determinantes según convenga.

________ que vemos en ________ televisión es ________ resultado de un trabajo detallado producido por muchas personas. ________ elección de un buen local de grabación es, quizás, ________ más importante para controlar ________ calidad de sonido de un programa. ________ lugar debe ser cerrado y libre de ruidos, tales como teléfonos, tráfico de vehículos, cercanías de un aeropuerto, metro, trenes, etc.

Los relativos

19 **1** Escucha y completa el texto con **cuyas**, **que** y **quienes**.

La fascinación de las multitudes ________ siguen los capítulos de las telenovelas se alimenta también por la conciencia de que están participando en un pasatiempo, en una diversión.

Se trata de una tregua en el ritmo intenso de ____________ viven en las grandes ciudades y de la monotonía experimentada en los suburbios y pueblos del interior. Las telenovelas, ____________ historias transcurren lentamente, crean suspensos diarios y motivan a los telespectadores a retomar el hilo al día siguiente.

2 Observa estas frases.

Frase 1

La fascinación de **las multitudes** se alimenta también por la conciencia de que están participando en un pasatiempo.

Frase 2

Las multitudes siguen los capítulos de las telenovelas.

Entre las dos frases existe una relación: **las multitudes**. Para unir las dos frases sin repetición, podemos escribir:

La fascinación de las multitudes **que** siguen los capítulos de las telenovelas se alimenta también por la conciencia de que están participando en un pasatiempo.

La relación entre las dos frases está establecida por el pronombre relativo **que**, que sustituye la expresión **las multitudes**.

¡Ahora tú! Intenta unir estas frases evitando la repetición.

Frase 1

Este televisor necesita reparo.

Frase 2

Este televisor está muy viejo.

---

3 Observa el cuadro de relativos y elige los que mejor completan las frases.

Los relativos	
Pronombres	**Adverbios**
quien, quienes (para personas)**, que, el cual, la cual, los cuales, las cuales, cuyo, cuya, cuyos, cuyas** (para personas y cosas)	**como, cuando, donde**

a. ____________ ha traído la invitación que entre.

b. Estas son las artistas de ____________ te hablé.

c. El libro ____________ compré es muy bueno.

d. El niño ____________ trabaja en la telenovela es hijo del director.

e. El ordenador es la herramienta sin ____________ no puedo trabajar.

f. El hombre con ____________ he hablado es un famoso pintor.

g. Los chicos con ____________ estudio son brasileños.

h. He comprado revistas, algunas de ____________ son para ti.

i. El joven ____________ padre está en la puerta se llama Lucas.

j. Dichoso es el hombre ____________ calidad es la nobleza.

k. La tienda ____________ he comprado el video ha cerrado.

l. Nos conocimos en enero, ____________ estábamos en vacaciones.

m. Me gusta la manera ____________ canta Shaila Durcal.

4 Transforma las frases según el modelo.

***El hombre** se ha ido a casa.*
*El aparato de radio **del hombre** está aquí.*
***El hombre** cuyo aparato de radio está aquí se ha ido a casa.*

a. Esta es **la noticia**.
Te hablé de **la noticia**.

____
____

b. Este es **el periódico**.
Leo **el periódico** todos los días.

____
____

c. **El traductor** hizo un buen trabajo.
Hablé con **el traductor**.

____
____

d. Estos son **los concursantes**.
Te hablé de **los concursantes**.

____
____

e. Estos son **los CDs**.
No puedo vivir sin **los CDs**.

____
____

f. Han llegado **los corresponsales**.
Los corresponsales ganaron el premio.

____
____

g. Dame **los libros**.
Los libros están en la estantería.

____
____

h. No encuentro **el programa**.
El presentador **del programa** es Martín.

____
____

5 Lee el texto y completa los huecos con los pronombres relativos que faltan.

La influencia de la televisión en los niños

La televisión es un medio de comunicación de masas ______________, por la facilidad de llegar a la población, se ha convertido en un arma de doble filo, dada la calidad de la programación que transmite sin considerar que la mayoría de sus espectadores son niños y jóvenes, muchos de ______________ no tienen un adulto que los oriente acerca de los temas ______________ allí se desarrollan. Al decir que la televisión tiene gran impacto en el desarrollo de los niños, ______________ son ______________ pasan más horas frente al aparato y, por lo tanto, están más vulnerables a sus efectos, no se refleja ninguna novedad, pero hay que admitir que las influencias no son todas negativas. La televisión, ______________ aporte positivo, aunque más débil que el negativo, no debe ser menospreciado, permite, a través de algunos programas culturales, el conocimiento del mundo, de los diferentes países y de muchas culturas distintas.

Texto elaborado especialmente para esta obra.

sirtravelalot/Shutterstock

¿Vamos a producir?

Reseña

La reseña es un texto sucinto que, en general, presenta lenguaje informal. Su contexto de producción está relacionado con el universo cultural, es decir, la televisión, la literatura, el cine, el teatro, etc., en el que el autor o consumidor de ese producto, después de conocerlo bien, puede expresar su opinión de forma crítica.

Ese tipo de texto está compuesto por dos partes: una parte descriptiva, sobre todo para presentar las características del producto cultural, y una parte opinativa, que presenta argumentos que ayudan al lector a comprender el análisis del autor. Aunque sea un texto de opinión, una característica importante es la objetividad del texto.

Lee la reseña a seguir y busca comprender el punto de vista del autor acerca de la telenovela.

Heidi, bienvenida a casa

Una serie de Marcela Citterio (*Chica vampiro, Patito feo*) y Jorge Montero (*Consentidos, Patito feo*), que extrae la idea del cuento infantil de la escritora suiza Johanna Spyri, publicado en 1880.

Más que adaptación, estamos ante una modernización o actualización de la historia original ya que, al final, [...] en nada se parece a su fuente de inspiración. Únicamente, los buenos sentimientos de fondo y las intenciones de la protagonista se mantienen, más o menos, fieles al relato escrito.

Por lo demás, su productora [...] ha hecho lo que ya hemos visto en otras "revisiones" como *Patito feo* o *Floricienta* y, además, la serie es prima hermana de títulos como *Luna* o *Violetta*.

Con estos precedentes, ya sabemos de antemano, que tropezamos con una telenovela pre adolescente en la que prima la purpurina, los colores llamativos y las hipérboles sentimentales. Los personajes, jóvenes y adultos, se embarcan en una comedia de enredo que rota insistentemente sobre un eje denominado "amor". Otros temas como el estudio, los *hobbies*, las profesiones y actividades varias pasan solo de puntillas y sirven de excusa para acabar siempre en lo mismo: si alguien está enamorado o no y si es correspondido.

Reprodução/Disney Channel

Con este panorama, *Heidi, bienvenida a casa* es un diario coral donde cada uno de los personajes relata sus devaneos amorosos. [...]

Una telenovela juvenil que nada en una superficie resbaladiza, sin profundidad, y que puede atrapar a la audiencia incauta y poco selectiva.

PONS, Mar. Heidi, bienvenida a casa. *Contraste:* la guía del espectador crítico. Disponible en: http://contraste.info/tv/critica-heidi-bienvenida-a-casa/. Accedido el: 11 mayo 2021.

Ahora, sigue las etapas para preparar una reseña de un programa televisivo.

Preparación

1. Elige un programa televisivo y organiza la información teniendo en cuenta las categorías del recuadro.

Nombre del programa	
Estilo	
Canal	
Descripción	
Aspectos positivos	
Aspectos negativos	

2. Verifica si has seleccionado bien las ideas necesarias para la elaboración de la reseña.
3. Revisa la descripción del programa que has elegido.

Producción

1. Escribe la presentación del programa elegido. Descríbelo para que los lectores se enteren de que se trata.
2. Presenta tu opinión, teniendo en cuenta los argumentos seleccionados en la etapa de preparación.
3. Dale un título a la reseña.
4. Finaliza el texto con un parecer corto sobre tus impresiones finales.

Revisión

1. En parejas: intercambia tu texto con un(a) compañero(a) y revisa lo que él o ella ha escrito.
2. Devuélvele la reseña que has revisado a tu compañero(a). Verifica tu texto y haz las correcciones necesarias.

Versión final

1. Presenta tu reseña a los compañeros de clase.
   - Lee la reseña que has producido.
   - Verifica quiénes comparten la misma opinión.

¡Entérate!

La televisión en la pandemia

En un periodo en el que crece la diseminación de falsas noticias compartidas en las redes sociales, los canales televisivos, sobre todo los programas informativos, como los telediarios, cumplen una función importante: entretener e informar a los espectadores. ¿Cómo crees que la televisión puede combatir la diseminación de falsas noticias? Lee el texto para enterarte de ese tema.

La televisión recupera con la pandemia al público joven

Un estudio de la UOC afirma que es el medio más utilizado para informarse de la Covid-19

La televisión generalista ha recuperado audiencia del público joven con la pandemia. Es una de las principales conclusiones de un reciente estudio de la Universitat Oberta de Catalunya (UOC) sobre el impacto de la Covid-19 en el consumo de medios de comunicación en España. [...]

Según explica Mireia Montaña, profesora de los Estudios de Ciencias de la Información y de la Comunicación de la UOC, "el cambio más importante ha sido que la televisión generalista ha recuperado mucha parte de la audiencia que había ido perdiendo los años anteriores, sobre todo entre los más jóvenes".

[...]

Según la profesora, "su comportamiento era el de querer consumir aquello que deseaban en el momento y lugar donde querían" y "por eso su consumo se hacía sobre todo con dispositivos portátiles".

La pandemia, sin embargo, resalta la profesora, "ha llevado un grave aumento de noticias falsas, sobre todo en las redes sociales y en los mensajes compartidos con amigos o familiares". En consecuencia, "en un momento de tanta incertidumbre, el consumo mediático de estos jóvenes, que han mostrado un razonamiento más crítico, ha sido volver a la televisión, que ofrecía información de fuentes oficiales" [...].

LA TELEVISIÓN recupera con la pandemia al público joven. *La Vanguardia*, 15 dic. 2020. Disponible en: www.lavanguardia.com/television/20201215/6121488/television-recupera-pandemia-publico-joven.html. Accedido el: 8 mayo 2021.

---

1. Según el texto, ¿qué importante cambio ha registrado el estudio sobre el consumo de medios de comunicación en España durante la pandemia?

2. ¿Qué problema relacionado con la difusión de información ha aumentado en la pandemia?

3. ¿Cómo la televisión y otros medios pueden ayudarte a identificar noticias falsas?

Sigue explorando

El *streaming* latinoamericano

La palabra inglesa *streaming*, ya incorporada al español, se refiere a una tecnología multimedia que nos permite acceder a contenidos desde aparatos conectados a Internet, como la televisión inteligente y el móvil. Los servicios de *streaming* han impulsado no solo el consumo televisivo por medio de esos dispositivos, sino también la producción de contenidos de calidad en España y en Hispanoamérica. Conoce dos importantes canales:

Señal Colombia

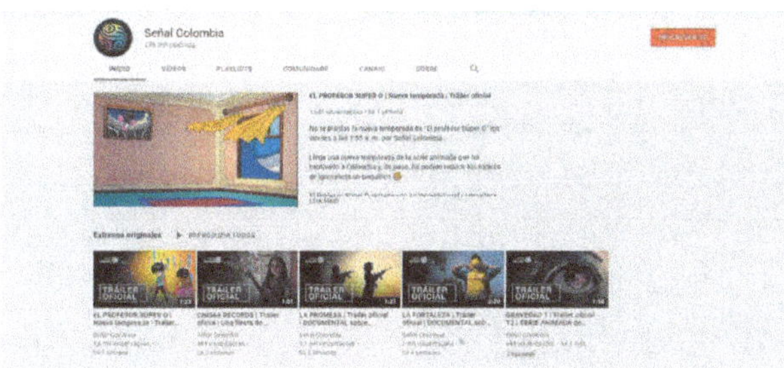

Este canal colombiano ofrece contenido educativo, deportivo y cultural, además de ser una alternativa para conocer y discutir la diversidad latinoamericana. Disponible en: www.youtube.com/user/senalcolombia. Accedido el: 11 mayo 2021.

Canal IPe

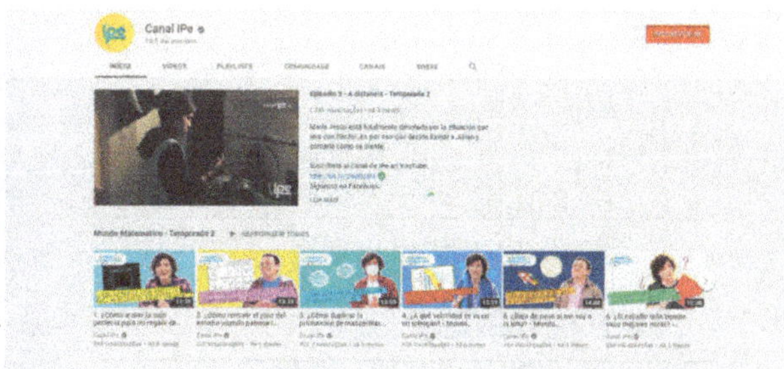

Este canal peruano está dirigido al público juvenil y ofrece contenidos variados con todos los programas de la televisión peruana. Disponible en: www.youtube.com/c/CanalIdentidadPeruana. Accedido el: 11 mayo 2021.

Ahora, investiga otros canales de plataformas de *streaming* y elige el que más te llama la atención para presentarlo en clase:

- Busca información en Internet.
- Selecciona imágenes, audios y/o videos del canal elegido.
- Organiza tu investigación en una presentación para compartir con tus compañeros.

Para explorar más

- MEMORIA del Siglo XX: medios de comunicación. *La aventura del saber.* España: RTVE, 19 jul. 2013. Disponible en: www.rtve.es/alacarta/videos/la-aventura-del-saber/aventura-del-saber-serie-documental-memoria-del-siglo-xx-medios-comunicacion/1947289/. Accedido el: 11 mayo 2021.

  En este episodio de la serie documental Memoria del Siglo XX, podrás conocer un poco más acerca de la evolución de los medios de comunicación.
- OLGUÍN, Fabián Gaspar Bustamante. El poder de la televisión. *Hablemos de Historia*, 21 oct. 2008. Disponible en: https://hablemosdehistoria.com/el-poder-de-la-television/. Accedido el: 11 mayo 2021.

  Al leer este artículo, vas a reflexionar sobre el poder de la tele en la vida de las personas, pensando acerca de sus ventajas y desventajas.

UNIDAD 6

¿NOS UNIMOS?

- ¿Qué actividad está representada en la foto? ¿Dónde están los jóvenes?
- ¿Qué tipos de trabajo voluntario conoces? ¿Cómo son?
- ¿Crees que puedes colaborar para cambiar tu realidad y construir un mundo mejor?

El ser humano es un ser que vive en sociedad, sea por instinto por sobrevivir, sea por necesidad de relacionarse con el otro. Convivir con otras personas y culturas nos permite desarrollar valores importantes como el respeto, la tolerancia e incluso la solidaridad. ¿Te animas a ayudarnos a reflexionar sobre ese tema?

Kyle M Price/Shutterstock

Jóvenes haciendo trabajo voluntario en Guazacapán, Guatemala.

¿Cómo se dice?

20 **1** Escucha el fragmento de la novela *Don Quijote de la Mancha*.

La ventura va guiando nuestras cosas mejor de lo que acertamos a desear —decía don Quijote— porque ves allí, amigo Sancho Panza, hay treinta o más gigantes, con quien pienso hacer batalla y quitarles a todos la vida y con sus despojos comenzaremos a enriquecernos.

—¿Qué gigantes? —dijo Sancho.

—Aquellos que allí ves —respondió su amo —de los brazos largos.

—Mire vuestra merced —respondió Sancho —que aquellos no son gigantes, sino molinos de viento, y lo que en ellos parecen brazos son las aspas, que con el viento hacen andar al molino.

—Si tienes miedo, quítate de ahí y ponte a rezar.

Y, diciendo esto, dio de espuelas a Rocinante diciendo:

—No huyáis, cobardes, que es un solo caballero el que os acomete.

Y acometió invocando a su señora Dulcinea a todo galope.

Dio una lanzada en el aspa y el viento la volvió con tanta furia, que hizo la lanza pedazos, llevando tras sí al caballo y al caballero, que fue rodando por el campo.

Acudió Sancho Panza a todo correr de su asno y cuando llegó vio que su amo no se podía mover, tal fue el golpe.

Y ayudándole a levantar, volvió a subir sobre Rocinante y siguieron haciendo camino.

[...]

CERVANTES, Miguel de. *Don Quijote de la Mancha*. São Paulo: Scipione, 2002. p. 28-29.

2 Ordena las escenas a continuación de acuerdo con el fragmento que has escuchado.

( )

( )

Ilustrações: Mauro Souza/Arquivo da editora

Ilustrações: Mauro Souza/Arquivo da editora

3 Escribe **V** si la afirmación es verdadera o **F** si es falsa.

a. ◯ Don Quijote y Sancho Panza vieron a algunos gigantes.

b. ◯ Sancho Panza le advirtió que se trataba de molinos de viento.

c. ◯ El caballero Don Quijote decidió seguir el consejo de su amigo.

d. ◯ Con un solo golpe, Don Quijote pudo romper las aspas del molino.

e. ◯ Sancho Panza se echó a correr para ayudar al caballero Don Quijote.

4 Contesta a las preguntas.

a. ¿Qué aventura del caballero Don Quijote podemos identificar en el fragmento de la novela?

b. ¿Cómo describirías la relación entre Don Quijote y Sancho Panza?

c. ¿Cómo son los gigantes que Don Quijote describe?

5 Relaciona las características de cada uno de los personajes.

a. Don Quijote **b.** Sancho Panza

- ◯ valiente
- ◯ soñador
- ◯ realista
- ◯ compañero
- ◯ leal
- ◯ terco

6 Lee la historieta y contesta oralmente a las preguntas.

© Liniers/Fotoarena

LINIERS. *Macanudo* 4. Buenos Aires: Ediciones de la Flor, 2006.

a. ¿Crees que hay algo en común en la relación entre los personajes de la novela *Don Quijote de la Mancha* y los de la historieta? ¿Por qué?

b. ¿Crees que una mascota puede ser tu mejor amigo o de alguien? ¿Por qué?

Los valores humanos

1 Relaciona los valores humanos con su definición.

a. Solidaridad
b. Tolerancia
c. Respeto
d. Empatía
e. Amistad
f. Responsabilidad

( ) Ayuda a otras personas con el objetivo de amenizar o solucionar su problema.

( ) Consideración, veneración o acatamiento por otra persona.

( ) Identificación con el sentimiento ajeno y capacidad de ponerse en su lugar.

( ) Compromiso que se tiene o se asume con una persona o causa.

( ) Acepción de ideas, creencias o prácticas distintas de las que creemos.

( ) Relación cariñosa, sincera y desinteresada, compartida con otra persona.

2 ¿Qué valores asocias a esas imágenes? Escríbelos y luego comenta con tu compañero cuáles están más presentes en tus relaciones.

a.

Zurijeta/Shutterstock

____

____

b.

JR-50/Shutterstock

____

____

c.

Rawpixel.com/Shutterstock

____

____

d.

Prostock-studio/Shutterstock

____

____

3 ¿Cómo crees que podemos mejorar las relaciones en nuestra sociedad?

4 Entrevista a un compañero y registra sus opiniones.

a. ¿Qué es la amistad para ti?

b. ¿Cómo te sientes cuando estás con un amigo?

c. ¿Cómo te sientes cuando un amigo te confía un secreto?

d. ¿Qué es fundamental en la amistad?

e. ¿Qué esperas de un amigo?

f. ¿Cuáles son tus cualidades para conquistar a un amigo?

g. ¿Qué harías si supieses que hay un compañero de tu clase que se siente solitario y sin amigos?

¿Entiendes lo que oyes?

1 ¿Crees que los amigos merecen tener un día especial en el calendario oficial? ¿Por qué?

21 **2** Escucha el artículo sobre el día del amigo y complétalo con las palabras que faltan.

¿Cuándo se celebra el Día del Amigo?

A lo largo de los años, muchas celebraciones han ganado un día especial en el ____________________ español. El Día del Amigo es una de esas ____________________ especiales que nos emocionan y nos ponen a pensar sobre la importancia de las relaciones personales que tenemos.

También conocida como el Día de la Amistad, esa fecha es una ____________________ para la celebración de los ____________________ más nobles que uno puede expresar: el amor, el cariño, la lealtad, la complicidad... ¿Quiénes todavía no han enviado o recibido un mensajito cariñoso ese día? Nos ponemos ____________________ cuando se nos enciende el móvil: "Nuevo mensaje: Hola, tío. Feliz día. Te amo. Gracias por ser mi mejor amigo".

Mauro Souza/Arquivo da editora

En 1958, por iniciativa llamada Cruzada Mundial de la Amistad, se instauró en ______________ una campaña para motivar las personas a la valoración de la ______________ y para la promoción de la cultura de la Paz. En 1964, el gobierno paraguayo declaró el 30 de julio como el Día de la Amistad. No todos los países lo celebraban el mismo día, pero el espíritu de ______________ y solidaridad siempre ha sido el mismo. Por esa razón, en 2011, la Asamblea General de las Naciones Unidas declaró el 30 de julio como el Día Internacional de la Amistad.

En España, lo que se sabe sobre la ______________ del Día del Amigo está en el imaginario de los que saben cuidar a sus tesoros. Algunos españoles lo celebran el 20 de julio, aunque la fecha no figure en ningún calendario oficial ni tampoco haya destaque para la importancia de ese día.

Países como ______________ y Brasil, por ejemplo, lo celebran el 20 de julio. Bolivia lo hace dos veces por año, el 23 de julio y el 21 de septiembre. En Colombia, es el tercer sábado de marzo. En México, Venezuela, Perú, Ecuador, Panamá y República Dominicana su celebración coincide con el 14 de ______________, Día de San Valentín. Solo en Paraguay se mantiene la fecha original: el 30 de julio. Pese a ello, hay algo de que no podemos olvidarnos: ______________ a nuestros tesoros todos los días.

3 Contesta a las preguntas sobre el artículo.

a. ¿Dónde y cuándo empezó la celebración del Día de la Amistad?

____

b. ¿Qué iniciativa motivó la declaración del Día de la Amistad? ¿Con qué objetivo?

____

____

____

____

c. Actualmente, ¿cuándo se celebra el Día Internacional de la Amistad? ¿Es la misma fecha en todos los países?

____

____

____

____

4 Ahora, contesta a las preguntas oralmente.

a. ¿Qué importancia tiene para ti el Día Internacional de la Amistad?

b. ¿Crees que la amistad es importante para promover la cultura de la Paz? ¿Por qué?

¿Cómo se escribe?

Construcciones con preposición

1 Observa las diferencias entre portugués y español.

Con preposición en español y sin preposición en portugués	
Español	**Portugués**
ir **a** viajar (trabajar, etc.)	*ir viajar (trabalhar, etc.)*
jugar **a** la pelota	*jogar bola*
en contra **de** mi voluntad	*contra minha vontade*
en serio	*sério*

Con la preposición a en español y otras en portugués	
Español	**Portugués**
votar **a** Pedro	*votar* ***em*** *Pedro*
parecerse **a** su madre	*parecer-se* ***com*** *sua mãe*
traducir **al** español	*traduzir* ***para*** *o espanhol*
a causa de	***por*** *causa de*
en torno **a**	*em torno* ***de***

Con la preposición en en español y otras en portugués	
Español	**Portugués**
volver de hoy **en** un mes	*voltar daqui* ***a*** *um mês*
ir de mal **en** peor	*ir de mal* ***a*** *pior*
hablar **en** serio	*falar* ***a*** *sério*
decir algo **en** broma	*dizer algo* ***de*** *brincadeira*
tardar **en** venir (ir, etc.)	*demorar* ***para*** *vir (ir, etc.)*
ir **en** coche	*ir* ***de*** *carro*
ver **en** vivo	*ver* ***ao*** *vivo*
estar **en** cama (enfermo)	*estar* ***de*** *cama (doente)*
estar **en** pijama (pantalones, etc.)	*estar* ***de*** *pijama (calças, etc.)*

Con la preposición de en español y otras en portugués	
Español	**Portugués**
de momento	***no** momento*
enamorarse **de** alguien	*apaixonar-se **por** alguém*
estar encantado **de** conocerle	*estar encantado **em** conhecê-lo(a)*

Con la preposición por en español y otras en portugués	
Español	**Portugués**
por la mañana	***de** manhã*
por la tarde	***de** tarde*
por la noche	***à** noite*
caerse **por** la escalera	***cair** da escada*

2 Ahora completa con la preposición adecuada.

a. No quería viajar con mis tíos. Voy ________ contra ________ mi voluntad.

b. Julio no viene a la fiesta. Ha cogido la gripe y está ________ cama.

c. Espera un momento. Es que estoy ________ pijama.

d. No te ofendas, te lo he dicho ________ broma.

e. No voy ________ viajar todavía. ________ momento quiero concluir mis estudios.

f. Después de la campaña electoral mi padre se ha decidido. Ahora sabe ________ quien votar.

g. En el periódico comentan que ________ causa ________ la inflación vamos ________ mal ________ peor.

h. ¿Por qué no vamos ________ taxi? El autobús tarda mucho ________ venir.

i. Ahora no es el momento. Cuando lleguemos ________ casa, hablaremos ________ serio.

j. Ayer ________ la tarde fui ________ la cancha para un juego de fútbol.

k. Mucho gusto, señora. Estoy encantado ________ conocerle.

l. Casi que mi amiga se cae ________ la escalera.

¿Vamos a leer?

1 ¿Qué es la amistad? Mira las fotografías y comenta con tu compañero si las actitudes representadas en las imágenes se pueden observar en la amistad entre los humanos.

a. 

Katja Tsvetkova/Shutterstock

La complicidad de los pingüinos.

b. 

Diyana Dimitrova/Shutterstock

La cooperación entre las abejas.

c. 

frank60/Shutterstock

La unión de las hormigas.

Michele Bancilhon/AFP

Octavio Paz fue diplomático, poeta y ensayista. Nació en México D.F., en 1914, en plena revolución mexicana.
Es considerado uno los más importantes autores del siglo XX. Publicó su primer libro de poemas a los 17 años y, tras algunos premios, en 1990 recibió el Nobel de Literatura, por su sensible escritura. Paz falleció el 19 de abril de 1998.

2 ¿Crees que un río y un anillo podrían representar la amistad? Lee el poema y descúbrelo.

Poema de la amistad

La amistad es un río y un anillo.
El río fluye a través del anillo.
El anillo es una isla en el río.
Dice el río: antes no hubo río, después sólo río.
Antes y después: lo que borra la amistad.
¿Lo borra? El río fluye y el anillo se forma.
La amistad borra al tiempo y así nos libera.
Es un río que, al fluir, inventa sus anillos.
En la arena del río se borran nuestras huellas.
En la arena buscamos al río: ¿dónde te has ido?
Vivimos entre olvido y memoria: este instante
es una isla combatida por el tiempo incesante.

PAZ, Octavio. *Obras completas VII, Ideas y costumbres II*: usos y símbolos. 2. ed. México: Fondo de Cultura Económica, 2014. p. 372.

3 Contesta a las preguntas.

a. ¿A qué imágenes el yo poético asocia la amistad?

____

____

b. ¿El poema sugiere que el tiempo es un problema para la amistad? ¿Por qué?

____

____

c. ¿Qué verso expresa la importancia de lo que vivimos con nuestros amigos? Transcríbelo.

____

____

4 ¿Qué función tiene la repetición de las palabras como **río** y **anillo** en el texto?

- ◯ Le dan musicalidad y ritmo al poema.
- ◯ Muestran la pobreza de vocabulario del poeta.
- ◯ No cambian la forma de interpretar el poema.

5 Relaciona las imágenes con lo que pueden representar en el poema.

a. río **b.** anillo

- ◯ flexibilidad
- ◯ círculo
- ◯ resistencia
- ◯ transparencia
- ◯ fluidez
- ◯ compromiso

6 Marca las características del poema de Octavio Paz.

- ◯ Está estructurado en versos.
- ◯ Utiliza lenguaje figurado.
- ◯ Está organizado en párrafos.
- ◯ Sugiere imágenes.
- ◯ Utiliza lenguaje objetivo.
- ◯ Tiene un subtítulo.
- ◯ Tiene musicalidad.
- ◯ Habla de un sentimiento.

7 ¿Hay algo que sea capaz de borrar una verdadera amistad? Habla con tu compañero.

El **poema** es una producción literaria que se caracteriza por una estructura en versos, que pueden o no seguir una métrica definida, en el que se expresan ideas, pensamientos o sentimientos de forma subjetiva. La rima, la musicalidad y el uso de lenguaje figurado son las principales características de ese tipo de texto.

¿Cómo funciona?

Las conjunciones

1 Lee el fragmento del artículo y observa las palabras destacadas.

La importancia de la amistad en la adolescencia

"No sin mis amigos" podría ser perfectamente la frase **que** defina por lo general a los adolescentes. Se convierten en sus referentes, confidentes, familia, **y** no saben vivir sin ellos.

La amistad es fundamental **para** un desarrollo efectivo y social sano **y** adecuado en todas las etapas del desarrollo, **pero** cobra especial importancia en la adolescencia.

[...]

LOZANO, Jimena Ocampo. La importancia de la amistad en la adolescência. *Guía infantil*, 23 ago. 2019. Disponible en: www.guiainfantil.com/adolescencia/la-importancia-de-la-amistad-en-la-adolescencia/. Accedido el: 14 mayo 2021.

a. Las palabras destacadas sirven para:

- ◯ expresar acciones y estados de ánimo.
- ◯ conectar oraciones u otras palabras.
- ◯ separar enunciados muy largos.

b. Completa la definición con las palabras que faltan.

Las **conjunciones** son ______________________ o locuciones invariables que sirven para ______________________ oraciones o palabras.

2 Lee el relato y complétalo con las palabras del recuadro.

para	**porque**	**o**	**sino**	**pero**	**y**

Siempre he sido un adolescente muy responsable con los estudios y muy simpático, ______________ tenía mucha dificultad ______________ hacer amigos. Mis compañeros de clase no me caían bien ________ yo nunca me juntaba a ellos. A la hora del recreo, me ponía a jugar videojuegos solo en un rincón del cole. Creo que no sabía relacionarme con los chicos de mi edad ________ simplemente no me esforzaba para tenerlos como amigos.

Un día me di cuenta de que ellos no solo me invitaban a jugar, ______________ que lo hacían varias veces. Yo no les hacía caso, por eso no me daba cuenta. Solo los escuché ______________ se me había descargado el móvil y no tenía como jugar solo. Desde ese día los invito yo a jugar y valoro a cada uno de los nuevos amigos que tengo.

Texto elaborado especialmente para esta obra.

3 Relaciona las conjunciones con lo que expresan.

a. **Copulativas**:
y / e, que, ni, tampoco.

b. **Disyuntivas**:
o / u, ya, bien, sea.

c. **Distributivas**:
uno... otro, ora... ora, ya... ya, sea... sea, bien... bien.

d. **Adversativas**:
pero, sino, sin embargo, salvo, excepto.

e. **Causales**:
porque, que, como, ya que, puesto que.

f. **Consecutivas:**
que (precedido de tan, tanto, etc.), luego, pues, conque, por consiguiente, de manera que, etc.

g. **Condicionales:**
si, siempre y cuando, como, en el caso de que, con tal que, con solo que.

h. **Concesivas:**
aunque, por más que, aun cuando, a pesar de que, por mucho que.

i. **Finales:**
para que, a fin de que, a que.

j. **Temporales:**
cuando, antes que, después que, en cuanto, luego que, mientras, hasta que.

( ) Condición.

( ) Idea de exclusión o alternancia de ideas que no ocurren simultáneamente.

( ) Relación temporal.

( ) Consecuencia.

( ) Una relación de adición entre oraciones o palabras.

( ) Causa o motivo.

( ) Una concesión, un consentimiento.

( ) Una opción entre dos o varias posibilidades.

( ) Objetivo o finalidad.

( ) Una relación de oposición entre oraciones o palabras.

La conjunción **y** se sustituye por **e** cuando viene antes de una palabra que empieza por **i**- o **hi**-: *Son como padre* **e** *hijo*. La conjunción **u** se utiliza delante de palabras que empiezan por **o**- u **ho**-: *Se pueden inscribir mujeres* **u** *hombres*. Ya la conjunción **sino** se contrapone a una negación anterior: *No quiero café,* **sino** *té*.

4 Completa el texto con las conjunciones o locuciones conjuntivas del recuadro.

The World in HDR/Shutterstock

Parque de El Retiro, en Madrid.

aunque	**en el caso de que**	**pero**	**si (2)**	**porque**	**para que**	**que**

_______ voy a Madrid a visitar a mis primos, _______________ haya mucha gente, siempre vamos al parque de El Retiro _______________ allí nos pasamos muchos momentos importantes de nuestra niñez. Hay tanto _______ hacer en ese hermoso sitio. Así que tú verás _______ quieres ir conmigo la próxima vez. Uno se cansa mucho, _______________ pasa un rato muy agradable. _______________ te decidas acompañarme, avísame _______________ podamos organizarnos. No te vas a arrepentir.

Texto elaborado especialmente para esta obra.

5 ¿Te gustaría conocer el parque de El Retiro? Cuéntale a tu compañero por qué y en qué condición lo visitarías.

6 Señala la conjunción adecuada para cada frase a continuación.

a. El dueño de la venta se despidió más temprano, **ya** / **pues** / **sino** tenía que trabajar de madrugada.

b. Me gusta la sandía, **sin embargo** / **porque** / **como** no puedo comerla.

c. Saldré de viaje esta semana, **para que** / **pero** / **ya que** estoy de vacaciones.

d. No salimos **porque** / **luego** / **como** llovía.

e. Fui al cine, **sea** / **pero** / **porque** no me gustó la película.

f. Cuando lo veo por la calle, **luego / conque / si** no me mira, no lo saludo.

g. No tengo ropa adecuada para la ceremonia; **luego / como / a que** no voy.

h. **Aunque** / **En cuanto** / **Conque** llegó el pastel, los niños se acercaron a la mesa.

Las interjecciones

1 Interjecciones son las palabras invariables que expresan una emoción o un sentimiento. Observa algunas de uso corriente.

¡Ah!	¡Eh!	¡Hola!
¡Ay!	¡Guay!	¡Ojalá!
¡Bah!	¡Hala!	¡Oh!

¡Plaf!	¡Uf!
¡Puf!	¡Zape!
¡Quia!	¡Zaz!

Además se usan como interjecciones muchas palabras que son **nombres**, **verbos**, **adverbios**, etc.

¡Anda!	¡Bravo!	¡Cómo!
¡Cuidado!	¡Ojo!	¡Vaya!
¡Vale!	¡Caramba!	¡Fuera!

Caue Zunchini/Arquivo da editora

2 Relaciona las frases con las imágenes según convenga.

a. ¡Hala, vamos a comer!

b. ¡Bah, eso es una mentira!

c. ¡Uf, qué frío!

d. ¡Ah, qué desgracia!

e. ¡Quia, ese no hace nada!

f. ¡Ojalá salga todo bien en tu viaje!

g. ¡Vaya, qué guapa estás!

h. ¡Hola!, ¿qué tal?

i. ¡Oh, cuánto lo siento!

j. ¡Guay, qué bárbaro!

k. ¡Cuidado, que te vas a caer!

l. ¡Zape, sal de aquí!

Ilustrações: Caue Zunchini/Arquivo da editora

3 Utiliza las interjecciones estudiadas y reacciona a las siguientes noticias que te dan unos amigos.

a. María y su familia van a viajar por octava vez este año.

____

b. Hoy todo me ha salido mal: se me ha estropeado el coche, el jefe me echó una bronca y mi novia se puso enferma.

____

c. A Juan le ha tocado la lotería, ¡quince millones!

____

d. A la abuela la operarán de las anginas hoy.

____

e. Ya no soporto ese calor, ¿a ti qué te parece?

____

f. El niño de Antonio está corriendo por todo el parque.

____

g. Fui el primer colocado en la competición de mi escuela.

____

h. Me he roto el brazo.

____

i. Casi me caigo de la banqueta.

____

j. El director le ha propuesto matrimonio a la profesora de Biología.

____

Las onomatopeyas

1 Onomatopeyas son las palabras creadas con base en algún sonido. Lee la historieta y observa algunas de esas palabras.

NIK. *Gaturro*. Buenos Aires: La Nación, 2007.

Las **onomatopeyas** se utilizan en situaciones informales, en el lenguaje de los cómics o en el habla infantil.

2 ¿Por qué Gaturro dice que las onomatopeyas cambiaron en la era digital?

3 La pronunciación de esas palabras imita el sonido de aquello que describen, como acciones o instrumentos y aparatos. Descubre cuáles son los sonidos respectivos.

Aparato o instrumento	Sonido		
El teléfono	◯ rong-rong	◯ ring-ring	◯ run-run
La campana	◯ tantan	◯ troin-troin	◯ talán-talán
El timbre	◯ din-don	◯ blin-blon	◯ tin-tin
El coche	◯ burrun-burrun	◯ burran-burran	◯ burrin-burrin

Acción	Sonido		
Estornudar	◯ acoou-acoou	◯ achís-achís	◯ atouu-atouu
Toser	◯ cof-cof	◯ caf-caf	◯ cuf-cuf
Gritar	◯ aah-aah	◯ uuuh-uuuh	◯ iiih-iiih
Caer ruidosamente	◯ pimba	◯ pumba	◯ pemba

4 Las onomatopeyas pueden también representar los sonidos de los animales. Relaciona las onomatopeyas a las figuras.

a. cuác-cuác

b. croac-croac

c. guau

d. bz-bz-bz

e. bee

f. muu

◯ 
Eric Isselée/Shutterstock

◯ 
Gerald A. DeBoer/Shutterstock

◯ 
de2marco/Shutterstock

◯ 
Vasyl Helevachuk/Shutterstock

◯ 
Leoniek van der Vliet/Shutterstock

◯ 
Eric Isselee/Shutterstock

Signos de puntuación

Lee el fragmento de un cuento y observa la puntuación. Enseguida, completa el recuadro.

La minga, una forma solidaria de vivir

[...]

—¿Qué es la minga, abuelo? —pregunta la niña.

—¡La minga es una fiesta! —dice el abuelo—. Una fiesta en la que todos celebramos la vida y el amor por los demás. Si alguien necesita ayuda, toda la comunidad se reúne para trabajar y ayudar. Así demuestra responsabilidad y el amor por sus vecinos, amigos y familia.

La niña mira con felicidad a su abuelo, quien continúa explicando:

—La minga se creó hace muchos años en las comunidades indígenas con la finalidad que todos los habitantes tengan una vida mejor ya que, cuando todos colaboran para alcanzar un sueño, es más fácil conseguirlo. [...]

SECRETARÍA del Buen Vivir. *El libro de todos los niños*. Quito: 2015. p. 100.

Mauro Souza/Arquivo da editora

Signos de puntuación			
.	el punto	-	el guión
,	la coma		la raya
:	dos puntos		la interrogación
" "	las comillas		la exclamación
( )	los paréntesis	¨	la diéresis
;	punto y coma	...	los puntos suspensivos

La manera de nombrar al punto puede variar según su posición en el texto.

- **Punto y seguido**: punto y texto seguido (en la misma línea).
- **Punto y aparte**: punto y párrafo.

¿Vamos a producir?

La parodia musical

La parodia musical es una composición realizada a partir de una canción que ya existe. Una nueva letra es elaborada por escrito con base en la letra original, manteniendo la melodía de la canción. Es un género que preserva las caracacterísticas del género canción, como su estructura en versos y estrofas.

Como se trata de un texto cantado, hay una preocupación con preservación de las rimas y de la musicalidad. Otros elementos importantes son la selección de palabras y la utilización de recursos expresivos, como la repetición o la incorporación de nuevos elementos musicales a la versión final.

Ahora, sigue las etapas para preparar la letra de una parodia musical sobre la amistad.

Preparación

1. En grupos, van a participar de un concurso de parodias musicales cuyo tema es la amistad. Seleccionen una canción que les guste y organicen las ideas teniendo en cuenta las categorías a continuación.

Canción original	
Artista	
Género musical	
Tema de la amistad	
Palabras importantes	

2. Escuchen la canción original y observen cómo la selección de palabras ha ayudado con musicalidad.
3. Verifiquen si necesitan otras palabras que les puedan ayudar con la elaboración de la canción, sobre todo, por el tema de las rimas.

Producción

1. Con base en la canción original, escriban una parodia musical con las ideas de la etapa anterior.
2. Denle un nuevo título a la canción.
3. Construyan nuevos versos y estrofas, preservando las características de ritmo y rima de la canción original.
4. Canten o lean en voz alta los versos que han escrito para certificarse de la musicalidad.

Revisión

1. Revisen el texto de la parodia y hagan las correcciones necesarias.
2. Verifiquen si al cantarla se puede reconocer la canción original.

Versión final

1. Presenten la parodia musical a tus compañeros de clase:
   - Explíquenles en qué se inspiraron para crearla.
   - Cuéntenles cómo ha sido el proceso de creación.

¡Entérate!

Voluntariado y solidaridad

Porque vivimos en sociedad, nuestras acciones impactan directamente la vida de otras personas —y viceversa—. Esos impactos, sin embargo, pueden ser positivos, especialmente si participamos de manera activa en la promoción del bienestar y del acceso a derechos básicos en la comunidad de que formamos parte. ¿Cómo podemos ser más solidarios? Lee el texto para enterarte de ese tema.

Un nuevo año más solidario en Vigo: opciones de voluntariado que se pueden llevar a cabo

Para algunos, contribuir de manera activa en la ciudad y poder ayudar al resto de la población a través del voluntariado, supone un objetivo realmente altruista de cara al nuevo año.

LAURA GUIZÁN

06:00 · 7/1/2021

[...]

El voluntariado solidario puede ser una opción realmente positiva para todos aquellos que [...] busquen llevar a cabo un propósito distinto. Supone una excelente oportunidad para implicarse de manera directa en las acciones que se realizan en la ciudad en la que uno reside.

JOKE_PHATRAPONG/Shutterstock

Una de las opciones es la Fundación Provincial Banco de Alimentos, con sede en Vigo. A lo largo del 2020 la demanda al Banco de Alimentos aumentó un 40% como consecuencia de la crisis del Coronavirus, pero gracias a su #GranRecogidaVirtual lograron recaudar 550.000 kilos de comida. [...]

La ONG Grandes Amigos lleva a cabo acciones de acompañamiento a personas mayores, ofreciendo amistad y compañía a través del voluntariado, facilitando la reinserción de los ancianos en la vida social de su entorno. [...]

GUIZÁN, Laura. Un nuevo año más solidario en Vigo: opciones de voluntariado que se pueden llevar a cabo. *Treinta y seis*. 7 jan. 2021. Disponible en: www.elespanol.com/treintayseis/articulos/actualidad/un-nuevo-ano-mas-solidario-en-vigo-opciones-de-voluntariado-que-se-pueden-llevar-a-cabo. Accedido el: 14 mayo 2021.

1. ¿Cómo se describe el voluntariado solidario en el texto?
2. ¿De qué manera actúan la Fundación Provincial Banco de Alimentos y la ONG Grandes Amigos en ciudad de Vigo?
3. ¿Qué opciones de voluntariado hay en tu ciudad? ¿Te gustaría voluntariarte en alguna de ellas? ¿Por qué?

Sigue explorando

Las tribus urbanas

Una tribu urbana es un grupo de personas, sobre todo compuesto por los más jóvenes o adolescentes, que comparten las mismas ideas, sentimientos y espacios. Los integrantes de esas tribus suelen llevar el mismo estilo de ropa, el cual los identifica como grupo y, a la vez, los diferencia, de otros grupos sociales. Además, comparten el mismo lenguaje, especialmente con el uso de jergas. Conoce dos tribus urbanas de dos importantes ciudades hispanoblantes.

Los *skaters*

Charlie Gardiner/Shutterstock

El monopatín es el elemento que integra a toda la tribu. Uno de los puntos de encuentro de los *skaters* es la plaza del Macba en Barcelona.

Los *gamers*

Dan Mullan/FIFA/Getty Images

La tecnología y el mundo de los *games* es lo que une a esos adolescentes argentinos en el campeonato de videojuegos.

Ahora, investiga otras tribus urbanas y elige la que más te llama la atención para presentarla en clase:

- Busca información en Internet.
- Selecciona imágenes, audios y/o videos de la tribu elegida.
- Organiza tu investigación en una presentación para compartir con tus compañeros.

Para explorar más

- ARRUGAS. Dirección: Ignacio Ferreras. España: Perro Verde Films, 2011.
  Dos personas mayores se encuentran en una residencia de ancianos y desarrollan una divertida y sorprendente amistad.
- LAS AMISTADES en la adolescencia son claves para una buena salud. *Muy Interesante*. Disponible en: www.muyinteresante.es/salud/articulo/las-amistades-en-la-adolescencia-son-claves-para-una-buena-salud-911441009208. Accedido el: 14 mayo 2021.
  En este sitio podrás descubrir un poco más sobre cómo las amistades influyen en la salud mental.
- RUIZ, Daniel Hernández; BALSERA, Fran; PISOS, Airtor. Pódcast 11: la amistad. *PROFE de ELE*. Disponible en: https://www.profedeele.es/actividad/nivel/b2/11-la-amistad/. Accedido el: 14 mayo 2021.
  En este episodio dos amigos se encuentran y hablan de la amistad.

REPASO

Unidad 1

1 Completa el diálogo con las expresiones del recuadro.

un momento	**ponerse**	**dígame**	**no**	**llamo**
mensaje	**soy**	**de parte de quién**	**está**	

Padre de Laura ¿________________?

Marta ¿________________ Laura, por favor?

Padre de Laura Sí. ¿____?

Marta ________________ Marta, una amiga del cole.

Padre de Laura Hola, Marta, soy el padre de Laura. Espera ________________...

Lo siento, pero ahora no puede ________________, está en la ducha.

¿Quieres dejarle algún ________________?

Marta __________, gracias. Luego la ________________.

2 Escribe un diálogo en el cuaderno sobre las situaciones a continuación.

a. **Alumno 1** Llama al 5430 88 66 y pregunta por Lucas.

Alumno 2 Tu teléfono es el 5430 88 66. Tienes un hermano llamado Lucas, pero él no está en el momento.

b. **Alumno 1** Te duele una muela. Llama al 5522 77 99, el teléfono del consultorio del Dr. Santiago, y marca una cita con urgencia.

Alumno 2 Eres el (la) secretario(a) del Dr. Santiago. Conciértale una cita con urgencia al (a la) paciente.

3 Completa las frases con los verbos del recuadro en el pretérito perfecto simple.

decir	**ir**	**traer**	**tener**	**poder**	**estar**	**pedir**	**dar**

a. Mis abuelos ______________ que pagar muy caro por su primera línea telefónica.

b. Ayer les (yo) ______________ a mis amigos que me llamaran por videoconferencia.

c. El otro día, Daniel ______________ muchas horas sin conexión.

d. ¿Es verdad que tú le ______________ a tu papá que te regalara un móvil?

e. Susana y yo les ______________ la orientación de cómo deben bajar la aplicación.

f. Señor, ¿______________ usted acompañar toda la presentación que hicimos?

g. Vosotras ______________ a la tienda a cambiar vuestro plan de datos.

h. Los dependientes me ______________ los aparatos más modernos para ofrecerme.

4 Busca en la sopa de letras los participios apuntados a continuación. Después, escribe los infinitivos de los verbos correspondientes.

M	A	E	E	V	U	E	L	T	O	T	O	O	T
I	N	S	T	I	N	A	S	C	T	N	O	J	C
E	U	C	E	S	V	S	P	L	R	Z	A	O	U
P	N	R	O	T	O	D	A	I	E	U	N	C	B
U	O	I	T	O	P	I	R	B	I	Z	I	A	I
E	L	T	O	A	R	O	E	R	B	A	S	R	E
S	A	O	H	C	E	H	Z	E	A	R	A	N	R
T	P	E	L	U	Q	C	E	R	Í	A	P	I	T
O	H	C	I	D	U	I	C	M	U	E	R	T	O

a. vuelto: ______________

b. roto: ______________

c. visto: ______________

d. cubierto: ______________

e. dicho: ______________

f. escrito: ______________

g. abierto: ______________

h. muerto: ______________

i. puesto: ______________

j. hecho: ______________

5 Reescribe las frases utilizando el pretérito más adecuado.

a. No puedo ir al concierto.

Esta semana ______________________________.

El mes pasado ______________________________.

b. Tenemos que hacer la tarea de la escuela.

Hoy ______________________________.

Ayer ______________________________.

c. Les escribes un correo electrónico a tus amigos.

Hace un rato ______________________________.

La semana pasada ______________________________.

d. Clara pone las cartas en el buzón.

Esta mañana ______________________________.

Ayer ______________________________.

e. Hace mucho calor en Sevilla.

Este verano ______________________________.

El mes pasado ______________________________.

6 Mira las fotos y escribe qué han hecho estos adolescentes.

a.

Monkey Business Images/Shutterstock

Esta semana Lucía

____

con sus amigas.

b.

illpaxphotomatic/Shutterstock

El mes pasado Miguel y yo

____

a México.

c.

VH-studio/Shutterstock

Estos días Pablo

____

muchos mensajes por su cumple.

Unidad 2

1 Escribe el nombre de los objetos de viaje en las categorías que les corresponden.

tarjeta de identidad **bikini** **desodorante** **champú** **bufanda** **traje de baño** **protector solar** **crema dental** **reserva del hotel** **pasaporte** **billetera** **billete de avión**

Ropa y accesorios	Productos de higiene	Documentos

2 Relaciona cada tipo de alojamiento a sus características.

a. Hotel
b. Hostal
c. *Camping*
d. Casa alquilada

◯ Muy económico y ecológico.
◯ Acceso a todas las habitaciones.
◯ Habitaciones privadas.
◯ Habitaciones compartidas.
◯ Vivienda privada.
◯ Servicios de alimentación.

3 Observa los datos de los adolescentes y escribe tres frases comparativas.

FELIPE
Edad: 15 años
Altura: 1,75 metro
Habla: 2 idiomas
Tiene: 3 hermanos

Sara Press/Photodisc/Getty Images

ANA
Edad: 15 años
Altura: 1,65 metro
Habla: 3 idiomas
Tiene: 2 hermanos

4 Completa el texto con el pretérito pluscuamperfecto.

http://www.email.com/mailbox

< Volver a Recibidos | Archivar | Marcar como spam | Borrar | Mover a | Etiquetas

+ Redactar
Recibidos
Enviados
Borradores
Todos
Papelera

de Sol <sol_123@correoelectronico.es>
para Cris <cris_msh@correoelectronico.es>
fecha 8 de julio de 2021 20:29
asunto "Lolita"

¡Hola, Cris!

Mira, la semana pasada encontré a Lolita en la calle y estaba muy contenta.

Me dijo que ______________________ (**ingresar**) en la universidad, que el verano pasado ______________________ (**viajar**) a Colombia y que allí ______________________ (**estar**) con algunos familiares en Cartagena. También dijo que ______________________ (**ver**) unas películas muy interesantes en el Festival Internacional de Cine, ______________________ (**ir**) a Santa Marta, ______________________ (**visitar**) el Parque Natural Tayrona y ______________________ (**comprar**) muchos regalos.

Yo le pregunté si no nos ______________________ (**traer**) nada.

Ella me dijo que sí, pero como ______________________ (**llegar**) hacía pocos días, aún no ______________________ (**tener**) tiempo para llamarnos, que no se ______________________ (**olvidar**) de nosotras y nos ______________________ (**reservar**) una sorpresa.

Después me preguntó si nos podemos ver mañana en el café Amarillo, a las ocho de la noche. Estarás libre, ¿verdad?

Contéstame pronto, ¿vale?

Bss,

Sol

5 Observa las imágenes y escribe frases comparando los elementos en cada una.

a.

b.

Ilustrações: Caue Zunchini/Arquivo da editora

c.

d.

e.

f.

Unidad 3

1 Encuentra en la sopa de letras a continuación el nombre de los 8 planetas del sistema solar.

ILUSTRACIONES ARTÍSTICAS Y FUERA DE ESCALA.

Mercurio

Venus

Marte

Tierra

Júpiter

Saturno

Urano

Neptuno

H	E	M	A	R	T	E	O	S	T	E	U
L	O	E	W	A	F	G	E	D	U	T	R
U	N	E	M	E	R	C	U	R	I	O	R
R	E	A	R	L	N	N	R	N	O	W	T
A	W	N	E	P	T	U	N	O	M	R	J
N	B	W	H	H	P	A	M	E	H	U	Ú
O	E	P	T	I	E	R	R	A	T	E	P
R	E	S	N	D	A	C	R	A	S	I	I
T	H	N	R	R	U	S	N	O	A	T	T
S	A	T	U	R	N	O	I	C	P	E	E
S	O	A	I	M	N	G	H	C	O	T	R
W	W	O	E	S	V	E	N	U	S	A	W

2 Completa las frases con las palabras del recuadro.

Sol	**telescopio**	**Luna**	**astronauta**
planeta	**cohete**	**satélites**	**extraterrestres**

a. El ______________________ llegará a Marte el próximo mes.

b. El nuevo ______________________ de la Nasa despegará del Cabo Cañaveral.

c. No te puedes perder el eclipse de la ______________________.

d. Las películas con ______________________ y marcianos son las más divertidas.

e. Chile albergará el más grande ______________________ del mundo.

f. Gracias a los ______________________ se pueden transmitir mensajes desde el espacio.

g. Alrededor del ______________________ orbitan los planetas.

h. Saturno es un ______________________ gaseoso y rocoso.

3 Conjuga los verbos en el futuro de indicativo.

Infinitivo	Futuro	Infinitivo	Futuro
viajar	yo ______________	**poner**	tú ______________
ver	ellos ______________	**haber**	vosotros ______________
abrir	nosotros ______________	**tener**	usted ______________
conocer	ustedes ______________	**saber**	yo ______________
mirar	tú ______________	**decir**	ellos ______________
partir	vosotros ______________	**hacer**	nosotros ______________
explorar	ella ______________	**querer**	ustedes ______________
descubrir	él ______________	**poder**	yo ______________
entender	yo ______________	**venir**	él ______________
encontrar	usted ______________	**valer**	ella ______________

4 Completa las frases con los verbos en el futuro.

estudiar partir analizar comprender quedarse enviar ver subir

a. Los científicos ______________ las imágenes de la superficie de Marte.

b. El próximo año ______________ (**nosotros**) algunos fenómenos astronómicos a vista plena.

c. El fin de semana, yo ______________ sobre la vida en otros planetas.

d. La base espacial ______________ el informe actualizado.

e. El astronauta ______________ a la nave espacial pronto.

f. En el futuro los niños ______________ los misterios del espacio.

g. Toda la población ______________ atónita con los hallazgos de la Nasa.

h. La misión ______________ en busca de asteroides en la órbita de la Tierra.

vsop/Shutterstock

5 Reescribe los pronósticos sobre la Tierra y pasa los verbos destacados al futuro.

a. Dentro de algunos años **vamos a tener** nuevos problemas ambientales.

____

____

b. Las próximas investigaciones **van a ayudar** a mejorar nuestra vida en el planeta.

____

____

c. El nuevo telescopio **va a permitir** ver con más detalles las constelaciones.

____

____

d. Andrés y Blanca **van a hacer** un curso de astronomía.

____

____

Unidad 4

1 Lee el texto y luego haz lo que se te pide.

Si sonríes, el mundo sonreirá contigo

La boca y los dientes forman la sonrisa, que a menudo es lo primero que las personas notan cuando nos miran. Además, los dientes, que son la parte más dura del cuerpo humano, son fundamentales para la masticación —proceso por el cual preparamos los alimentos para la deglución—. Y es mientras masticamos que son liberadas en la boca las enzimas y lubricantes que promueven la digestión, o descomposición, de los alimentos. La boca inicia, de ese modo, uno de los primeros pasos en el proceso digestivo.

No cabe duda, por lo tanto, de que cuidar la higiene bucal es muy importante para la salud y el bienestar. Los dentistas dicen que la parte más importante del cuidado de la dentadura tiene lugar en la casa. Cepillarse los dientes, utilizar el hilo dental e ir al dentista de forma regular puede ayudar a prevenir las caries dentales y las enfermedades de las encías. Cuida de tus dientes y sonríe, pues, como dice el proverbio, "la sonrisa cuesta menos que la electricidad y da más luz".

Fuente de la información: ASOCIACIÓN MEXICANA DE GERONTOLOGÍA Y GERIATRÍA A.C. *La nutrición por laboca empieza*. Disponible en: www.amgg.com.mx/sobre-el-envejecimiento/odontogeriatria/la-nutricion-por-la-boca-empieza/. Accedido el: 18 mayo 2021.

a. La expresión **a menudo** significa:

◯ frecuentemente.

◯ nunca.

◯ a veces.

b. Encuentra en el texto las palabras que corresponden a las definiciones:

- Contrario de **blanda**: ______________________.
- Proceso químico y físico por el cual pasa los alimentos en el cuerpo de los seres vivos: ______________________.
- Acción y efecto de masticar y engullir: ______________________.
- Conjunto formado por los dientes: ______________________.

2 ¿A qué importante aspecto de la salud se refiere el artículo?

____

____

3 ¿Qué importancia tiene la boca para el funcionamiento de otras actividades del cuerpo?

____

____

4 Mira las fotografías y escribe qué problema de salud tienen esos adolescentes. Luego escribe una recomendación para cada situación.

Antonio Guillem/Shutterstock

____

Yo en su lugar ______________________________

______________________________.

Krakenimages.com/Shutterstock

____

Debería ______________________________

______________________________.

Diego Cervo/Shutterstock

____

Yo en su lugar ______________________________

______________________________.

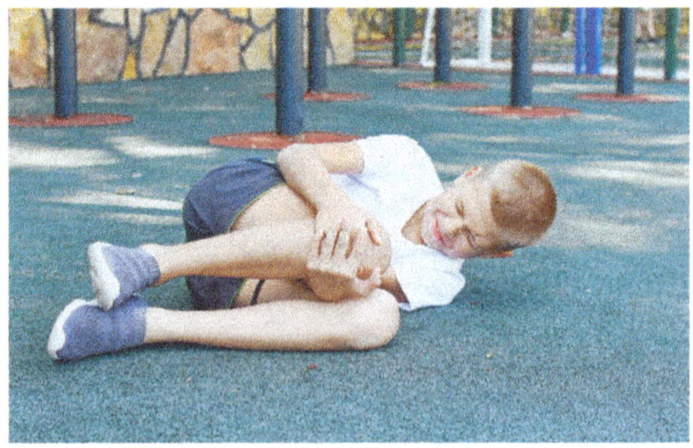

Victoria Denisova/Shutterstock

____

Le recomendaría ______________________________

______________________________.

5 Ordena las recomendaciones y conjuga los verbos en el condicional.

a. noche / **dormir** / yo en / por / tu lugar / 8 horas / lo menos / por

____

b. dientes / cuidar / mejor / **deber (nosotros)** / de los / la salud

____

c. verduras / comer / te / frutas / **recomendar** / a menudo / más / y

____

d. hasta que / yo que tú / resultados / **quedarse** / salgan los / en casa

____

6 Conjuga los verbos en el condicional.

Infinitivo	Condicional	Infinitivo	Condicional
acudir	yo ___	**hacer**	nosotros ___
ver	ellos ___	**querer**	ustedes ___
dormir	nosotros ___	**poder**	yo ___
atender	ustedes ___	**venir**	él ___
tomar	tú ___	**valer**	ella ___
ir	vosotros ___	**poner**	tú ___
investigar	ella ___	**haber**	vosotros ___
descubrir	él ___	**tener**	usted ___
comprender	yo ___	**saber**	yo ___
descansar	usted ___	**decir**	ellos ___

7 Completa las frases con el condicional.

a. ¿Te ___ (**gustar**) probar un té de manzanilla?

b. Me ___ (**encantar**) poder viajar, pero todavía estoy enfermo.

c. Yo creo que ___ (**deber; vosotros**) acudir al médico a ver qué os pasa.

d. Yo, en tu lugar, ___ (**viajar**) más para descansar la mente.

e. Yo que tú ___ (**llamar**) a mi mamá y le ___ (**decir**) cómo me siento.

f. Juana me dijo que ___ (**salir; tú**) mañana por la tarde.

g. Si me tocara la lotería, ___ (**ayudar**) a muchas familias.

h. Si fuera posible, ___ (**dormir; yo**) ocho horas por noche.

Unidad 5

22 **1** Completa el texto con las preposiciones, las conjunciones o los pronombres relativos que faltan. Después, escucha y comprueba.

La telebasura en España

La telebasura viene experimentando un elevado ascenso ___________ su presencia dentro de la televisión española: lo que habitualmente se considera telebasura ocupa un lugar destacado de la programación, ________________ del desagrado mostrado ___________ un importante sector de la población. Según un estudio publicado ___________ el Centro de Investigaciones Sociológicas ___________ junio de 2010, siete de cada diez españoles consideraban ___________ la programación de la televisión tenía poca ___________ ninguna calidad. ___________ relación ___________ este tipo de programación, uno de los canales más criticados es habitualmente Telecinco.

Uno de sus programas más relacionados con este fenómeno es el magacín *Sálvame*, ________________ contenidos han originado que distintas asociaciones de usuarios hayan solicitado su retirada de la programación. Una de las quejas más comunes en España sobre este tipo de televisión también es el elevado porcentaje de programación que ocupan en las parrillas televisivas, lo que perjudica la emisión de programas con otro tipo de contenido.

_________________________________ el término suele relacionarse con la prensa del corazón, la crítica ha identificado también como telebasura los programas de telerrealidad como *Gran Hermano* o *Supervivientes*, los *talk-show* como *El diario de Patricia* o *A tu lado*, ___________ incluso en el apartado de ficción como los populares culebrones (telenovelas).

Fuente de la información: TELEBASURA. *In*: WIKIPEDIA: the free encyclopedia. Disponible en: https://es.wikipedia.org/wiki/Telebasura. Accedido el: 16 mayo 2021.

2 Ahora, contesta a algunas preguntas sobre el texto.

a. ¿Por qué los programas de telebasura ocupan un lugar destacado en la televisión?

____

____

____

b. ¿Qué opinas de esos programas?

____

____

____

____

3 Relaciona las columnas.

a. encender / poner la tele	◯	Desconectar el televisor.
b. apagar / quitar la tele	◯	Aparato con el que se maneja la tele.
c. cambiar de canal	◯	Conectar el televisor.
d. subir la tele	◯	Disminuir el volumen.
e. bajar la tele	◯	Aumentar el volumen.
f. mando a distancia	◯	Elegir otra cadena de televisión.

4 Escribe el nombre de los programas de televisión teniendo en cuenta sus contenidos.

documentales **debates** **series** **entrevistas** **telediarios** **concursos** **telenovelas** **informativos** **películas**

Noticias	Preguntas y respuestas	Ficción

5 Completa los dichos populares con el artículo adecuado.

a. ________ mejor de ________ vida es saber disfrutar los buenos momentos.

b. ________ perro es ________ mejor amigo del hombre.

c. ________ palabras se las lleva ________ viento.

d. ________ que bien reparte, se lleva ________ mejor parte.

e. ________ que es duro de ganar, es difícil de gastar.

f. ________ buen amigo es aquel que sabe escuchar.

g. ________ amor y ________ celos son hermanos gemelos.

h. ________ que se fue a Sevilla, perdió ________ silla.

6 Utiliza **porqué**, **porque**, **por qué** y **por que** según convenga.

a.

Ilustrações: Caue Zunchini/Arquivo da editora

b.

c.

d.

e.

Unidad 6

23 **1** Escucha y lee el texto. Enseguida, contesta a las preguntas.

Un soneto a Cervantes
A Ricardo Calvo

Horas de pesadumbre y de tristeza
paso en mi soledad. Pero Cervantes
es buen amigo. Endulza mis instantes
ásperos, y reposa mi cabeza.

Él es la vida y la naturaleza,
regala un yelmo de oros y diamantes
a mis sueños errantes.
Es para mí: suspira, ríe y reza.

Cristiano y amoroso y caballero
parla como un arroyo cristalino.
¡Así le admiro y le quiero,

viendo cómo el destino
hace que regocije al mundo entero
la tristeza inmortal de ser divino!

DARÍO, Rubén. *Cantos de vida y esperanza, los císnes y otros poemas*. Madrid: Alianza Editorial, 2004.

Caue Zunchini/Arquivo da editora

a. ¿Cuál es el tema del soneto?

b. ¿Por qué Cervantes sería un buen amigo del poeta?

c. ¿Es posible que un libro pueda convertirse en un amigo? ¿Por qué?

2 Escribe en tu cuaderno un poema dedicado a un(a) amigo(a), que puede ser una persona, un animal, un libro u otro objeto que te guste.

3 Encuentra en la sopa de letras ocho valores importantes para nuestro convivio social.

E	M	P	A	T	Í	A	C	J	S	E	T
C	U	I	I	O	R	O	N	U	G	A	R
S	A	I	L	L	O	A	W	S	N	M	A
S	W	B	R	E	S	P	E	T	O	I	N
R	Y	D	G	R	O	I	H	I	H	S	O
T	L	C	T	A	R	L	I	C	M	T	A
C	A	H	O	N	E	S	T	I	D	A	D
I	U	S	F	C	T	S	R	A	Y	D	R
U	S	O	L	I	D	A	R	I	D	A	D
P	N	H	P	A	A	H	L	A	L	K	H
A	E	E	N	M	R	E	S	T	U	O	E
H	H	L	I	B	E	R	T	A	D	T	O

4 Completa las frases con las palabras del recuadro.

solidaria	tolerantes	respetuoso	amigos	responsables	voluntario

a. El trabajo ______________________ es una experiencia enriquecedora.

b. Mi abuelo es muy ______________________ con todos sus nietos.

c. Las mascotas son nuestros mejores ______________________.

d. Los adolescentes necesitan ser ______________________ en sus decisiones.

e. Estoy organizando una campaña ______________________ para niños en mi barrio.

f. Para alcanzar la Paz, necesitamos ser un poco más ______________________.

5 Relaciona las frases y circula los conectores destacados más apropiados.

a. Los chocolates son buenos

b. No fui a la playa

c. Julia es muy esforzada

d. No tengo ganas de salir

e. Por más que / **Porque** me lo explicara

f. Así que / **Como** estoy en vacaciones

g. En cuanto / **pero** llegues a casa

h. Hablo despacio

( ) trabaja **y** / **o** estudia.

( ) no lo entendería.

( ) haré un viaje.

( ) **pero** / **entonces** engordan.

( ) llámame.

( ) **para que** / **para** todos comprendan.

( ) **así que** / **porque** llovía.

( ) **porque** / **así que** no insistas.

6 Completa las frases con los conectores.

a. La vida nos presenta muchos desafíos, ______________________ no podemos desistir.

b. Mi mejor amiga es mi vecina, ______________________ nos vemos todos los días.

c. ______________________ luchemos, siempre hay algo que hacer por el mundo.

d. Convivimos con problemas ambientales ______________________ no respetamos el planeta.

e. Julia tiene una ONG que ayuda a niños ____________ personas mayores.

f. ______________________ mi padre es abogado, entiendo un poco de las leyes.

Bibliografía

ALMEIDA FILHO, J. C. P. (coord.). *Português para estrangeiros*: interface com o espanhol. São Paulo: Pontes, 2001.

BAKHTIN, M. *Estética da criação verbal*. 2. ed. São Paulo: Martins Fontes, 1997.

BENITO, A. B. G. La competencia intercultural y el papel del profesor de lenguas extranjeras. Disponible en: https://dialnet.unirioja.es/servlet/articulo?codigo=3186598. Accedido el: 2 jun. 2021.

BRASIL. Ministério da Educação. Secretaria de Educação Básica. União Nacional dos Dirigentes Municipais da Educação. Conselho Nacional de Secretarias de Educação. Base Nacional Comum Curricular. Versão final. Dezembro de 2018. Disponible en: http://basenacionalcomum.mec.gov.br/images/BNCC_EI_EF_110518_versaofinal_site.pdf. Accedido el: 3 mar. 2021.

BRASIL. Presidência da República. Casa Civil. Subchefia para Assuntos Jurídicos. *Lei nº 9.394, de 20 de dezembro de 1996*. Estabelece as diretrizes e bases da educação nacional. Brasília, DF: Presidência da República, 1996. Disponible en: www.planalto.gov.br/ccivil_03/leis/l9394.htm. Accedido el: 14 mayo 2021.

CAMARGO, F.; DAROS, T. *A sala de aula inovadora*. São Paulo: Penso Editora, 2018.

CASSANY, D. *Tras las líneas*: sobre la lectura contemporánea. Barcelona: Anagrama, 2006.

CELADA, M. T.; GONZÁLEZ, N. T. M. El español en Brasil: un intento de captar el orden de la experiencia. *In*: *O ensino do espanhol no Brasil*: passado, presente, futuro. São Paulo: Parábola, 2005.

CONSOLO, D. A.; ABRAHÃ, M. H. V. (org.). *Pesquisas em linguística aplicada*: ensino e aprendizagem de língua estrangeira. São Paulo: Editora da Unesp, 2004.

CUERVO, R. J. *Diccionario de construcción y régimen de la lengua española*. Santafé de Bogotá: Instituto Caro y Cuervo, 1994.

DI TULLIO, A; MALCOURI, M. La gramática y la enseñanza de la lengua. *In*: *Gramática del español para maestros y profesores del Uruguay*. Montevideo: ANEEP, 2012.

DINTEL, F. *Cómo se elabora un texto*. Barcelona: Alba Editorial, 2002.

FREIRE, P. *Pedagogia da autonomia*: saberes necessários à prática educativa. São Paulo: Paz e Terra, 1992.

FREITAS, L.; GOETTENAUER, E. *Sentidos en lengua española 1*. São Paulo: Moderna, 2016.

GONZÁLEZ, N. M. Portugués brasileño y español: lenguas inversamente asimétricas. *In*: CELADA, M. T.; GONZÁLEZ, N. M. (coord.). Gestos trazan distinciones entre la lengua española y el portugués brasileño. *Signos ELE*, n. 1-2, dic. 2008. Disponible en: http://p3.usal.edu.ar/index.php/ele/article/view/1394. Accedido el: 3 mar. 2021.

MANCERA, A. M. C. Comunicación no verbal y enseñanza de lenguas extranjeras. *In*: *Cuadernos de didáctica del Español/LE*. Madrid: Arco Libros, 1999.

MARCUSCHI, L. A. Gêneros textuais: definição e funcionalidade. *In*: DIONISIO, P. A.; MACHADO, R. A.; Bezerra, A. M. *Gêneros textuais & ensino*. Rio de Janeiro: Lucerna, 2008.

MATTE BON, F. *Gramática comunicativa del español*. Tomo I: De la lengua a la idea. Tomo II: De la idea a la lengua. Madrid: Edelsa, 1995.

MORENO, C. *Gramática contrastiva del español para brasileños*. Madrid: SGEL, 2007.

MORIN, E.; DÍAZ, C. E. D. *Reinventar a educação*: abrir caminhos para a metamorfose da humanidade. São Paulo: Palas Atenas, 2016.

OLIVEIRA, M. K. *Vygotsky*: aprendizado e desenvolvimento. Um processo sócio-histórico. São Paulo: Scipione, 1995.

REAL Academia Española. Disponible en: www.rae.es/. Accedido el: 3 mar. 2021.